心理健康

实践研究

张 博◎著

中国原子能出版社

China Atomic Energy Press

图书在版编目（CIP）数据

心理健康实践研究 / 张博著 . -- 北京：中国原子
能出版社 , 2022.12

ISBN 978-7-5221-2569-5

Ⅰ . ①心… Ⅱ . ①张… Ⅲ . ①心理健康—健康教育—
研究 Ⅳ . ① G444

中国版本图书馆 CIP 数据核字 (2022) 第 241864 号

心理健康实践研究

出版发行	中国原子能出版社（北京市海淀区阜成路 43 号 100048）	
责任编辑	马世玉	
责任印制	赵　明	
印　　刷	北京天恒嘉业印刷有限公司	
经　　销	全国新华书店	
开　　本	787mm×1092mm　1/16	
印　　张	10.5	
字　　数	210 千字	
版　　次	2022 年 12 月第 1 版　　2022 年 12 月第 1 次印刷	
书　　号	ISBN 978-7-5221-2569-5　　　　定　价　76.00 元	

前　言

随着社会的进步与发展，大学生的心理素质越来越受到广泛的重视，因此加强和改进大学生心理健康教育工作，多角度、多层面地开展大学生的心理健康教育已成必然。这也是不断造就大量高素质人才、持续培养中国特色社会主义事业建设者和接班人的需要，是国家在激烈的综合国力竞争中站稳脚跟和实现中华民族伟大复兴的要求。

大学生心理健康教育工作是一项长期而紧迫的艰巨任务，涉及大学生的方方面面，工作内容丰富、形式多样，开展的路径和视角也较多。作者从多个视角、通过多种途径在大学生心理健康教育领域开展了深入而广泛的研究与实践，在此基础上将经验和研究成果集结成书，系统阐述了心理健康教育的基础理论、技术方法、应用实践以及如何加强和改进大学生心理健康教育工作的建议和策略，既有理论又有实践，希望能给在该领域工作的相关人员和广大读者带来一些启示和助力。

本书的主要内容包括大学生心理健康理论、大学生常见的心理行为障碍、大学生心理危机干预、大学生心理咨询理论、大学生心理健康教育的方法以及改善大学生心理健康教育的策略等内容。

另外，本书在撰写过程中，参阅了大量的文献资料，引用了诸多专家和学者的研究成果，由于篇幅有限，不能一一列举，在此表示最诚挚的感谢。由于作者的水平和时间有限，书中难免存有疏漏和不妥之处，敬请广大读者批评指正。

目　录

第一章 大学生心理健康理论

大学时期是大学生真正认识自我的重要时期。大学生所处的年龄阶段和所具备的文化水准决定了他们不再像中学生那样眼光向外，而是眼光向内，注重对自己进行体察和分析，把自我分化为主体的我和客体的我，以及理想的我和现实的我。这就要求把握大学生心理现象与健康之间的因果关系，掌握维护心理健康的有效方法，从而为促进大学生的心理健康提供科学指导。

第一节 心理健康的基本认识

健康是一个人能够活跃在社会上并为其做出贡献的基础。自古以来，人们对健康的追求就没有停止过。时至今日，随着科技的高速发展、物质文明的不断进步，心理健康也被人们看作健康的重要标准之一。

一、心理健康的概念

戴尔·卡耐基（Dale Carnegie）认为，一个人事业上的成功，只有15%是由于他们的学识和专业技术，而85%是靠良好的心理素质和善于处理人际关系。重视心理健康已成为当今世界的大趋势。心理健康有助于身体的健康，而健康的心理有赖于健康的身体，两者互为因果、互相影响。那么，什么是心理健康？用什么标准来衡量一个人的心理是否健康？人的心理健康是有标准的，但却不像生理健康"让数据资料说话"那么精准确切，"以标本模型展现"那么具体直观。心理健康的概念是随时代的变迁、社会文化因素的影响而不断变化的。

1946年第三届国际心理卫生大会将心理健康定义为："所谓心理健康，是指在身体、智能以及情感上与他人的心理健康不相矛盾的范围内，将个人心境发展成最佳的状态。"这次大会提出的心理健康的标志是：①身体、智力、情绪十分协调；②适应环境，在人际关系中能彼此谦让；③有幸福感；④在工作和职业中能充分发挥自己的能力，过有效率的生活。1982 年世界卫生组织又丰富了健康的概念，提出了十项健康的标准。丰富后的心理健康概念中也将一些心理方面的标准，如乐观、态度积极、乐于承担责任等包括在其中。

关于心理健康的定义问题，在当前学术界仍是一个有争议的问题。国内外学者由于各自所处的社会文化背景不同，研究问题的立场、方法和观点不同，迄今尚未形成统一的意见。

综上所述，我们可以从广义和狭义两个角度来定义心理健康。从广义上讲，心理健康是指一种高效而满意的、持续的心理状态；从狭义上讲，心理健康是指人的基本心理活动的过程内容完整、协调一致，即认识、情感、意志、行为、人格完整和协调，能顺应社会，与社会保持同步。

二、心理健康的标准

当代大学生有当代大学生的观念、情感、追求，也有当代大学生的苦闷和彷徨，他们渴望心理健康，企盼心理健康知识的帮助和导引。因此，把握健康及心理健康的标准，了解当代大学生的心理健康状况，掌握增进心理健康的方法、途径，是当代大学生的共同心愿，也是当代大学生成长的必要课题。

科学的健康观认为，健康是指身心健全和体能充沛的一种状态，而不仅仅是指没有病痛。但是长期以来，人们对健康的关注多停留在生理方面，忽视了心理方面的健康，只注重身体锻炼，而忽视了心理素质的培养。1990 年，世界卫生组织对健康下的定义包含四层含义：一是躯体健康，即生理健康。二是心理健康，即人格完整，自我感觉良好，情绪稳定，积极情绪多于消极情绪，有较好的自控力，能保持心理上的平衡，能自尊、自爱、自信，有自知之明等。三是社会适应健康，即自己的各种生理和心理活动和行为能适应复杂的环境变化，为他人理解接受，使自己在各种环境中有充分的安全感；能保持正常的人际关系，能受到他人的欢迎和信任；对未来有明确的生活目标，能切合实际地在各种社会环境下不断进取，有理想和事业上的追求。四是道德健康，即不以损害他人的利益来满足自己的需要，有辨别真伪、善恶、美丑、荣辱、是非的能力，能按照社会公认的道德准则来约束、支配自己的言行，愿为人们的幸福做贡献。

我国心理专家马建青主编的《心理卫生学》一书提出了心理健康的七条标准：①智力正常；②善于协调和控制情绪，心境很好；③具有较强的意志品质；④个人关系和谐；⑤能动地适应和改造现实环境；⑥保持人格的完整和健康；⑦心理行为符合年龄特征。

心理健康对大学生的成长与发展有着重要影响，健康的心理是大学生完成其学习和发展任务的基本前提和保证，那么作为一名当代青年大学生，具备怎样的心理水平才是健康心理的表现呢？综合国内外专家学者的观点，根据大学生这一特殊群体的年龄特征，一般认为我国当代大学生的心理健康水平可以从以下几方面进行评估。

（一）智力正常

智力是人的观察力、记忆力、思维力、想象力与注意力等多种能力的综合，正常的智力是人从事学习、工作、生活等各种社会活动的必要条件，也是反映一个人心理健康的核心标准。所谓智力正常，包括两个方面：其一，组成智力的各种要素，如观察力、记忆力、思维力、注意力等应该得到均衡发展；其二，一个人的智力发展水平应基本符合其年龄的特征。对于大学生而言，智力正常的关键是：大学生的智力是否充分地发挥了其效能，是否有强烈的求知欲和浓厚的探索兴趣；是否乐于学习，充分体验到学习的乐趣。

（二）情绪稳定、乐观

情绪健康是大学生心理健康的一个重要指标，大学生的情绪健康应表现为：①愉快的情绪多于不愉快的情绪，乐观开朗、热情富有朝气、满怀自信，善于自得其乐和对生活充满希望；②情绪稳定性好，善于控制和调节自己的情绪，能较好地驾驭自己的情绪、情感，喜不狂、忧不绝，胜不骄、败不馁；③情绪的作用时间因客观情况变化而转移，情绪反应强度与引起这种情绪反应的情景相符合，情绪反应适度。

（三）意志健全

意志是指人在完成一种有目标的活动时进行选择、决定和执行的心理过程。意志健全的人在行动的自觉性、果断性、顽强性和自制力等方面都会表现出较高的水平。意志健全的大学生在生活、学习、工作等各种活动中都有明确的目的性，并能脚踏实地地去实现这些目标；能遵守社会规范，约束自己的行为；在困难和挫折面前冷静、果断，能够采取合理的反应方式解决所遇到的各种困难；能在行动中控制自己的情绪和言行，既不盲目行动、轻率鲁莽、言行冲动，也不优柔寡断、顽固执拗、害怕困难、意志薄弱。

（四）人格完整

人格在心理学上是指个体比较稳定的心理特征的总和。人格完整是指有健全、统一的人格及个人的所思、所说、所做协调一致，人格构成要素的气质、能力、性格和理想、人生观等各方面平衡发展。大学生人格完整的主要标志是：①人格结构的各要素完整统一；②有正常的自我意识，不产生自我同一性混乱；③以积极进取的人生观作为人格的核心，能把自己的需要、愿望、目标和行为统一起来。

（五）人际关系良好

人际关系状况最能体现和反映一个人的心理健康水平，和谐的人际关系既是大学生心理健康不可缺少的条件，也是大学生获得心理健康的重要途径。大学生和谐的人际关系表现为：乐于与他人交往，能认可别人存在的重要性和作用；能以尊重、信任、理解、宽容、友善的态度与人相处，宽以待人，乐于助人，积极的交往态度多于消极的交往态度；能分享、接受、给予爱和友谊，能与集体保持协调的关系，可与他人同心协力、合作共事；有稳定的人际关系，拥有可信赖的朋友，社会支持系统强而有力。

（六）自我意识明确，并能悦纳自己

自我意识是个体对自己的认识和评价，心理健康的大学生会对自我有一个适当的了解和恰当的评价，并有愉悦的接纳态度，知己所长所短，不苛求自己，对自己的优点感到欣慰并产生相应的自尊感，但对自己的缺点也不妄自菲薄，自信乐观，愿意扬长避短，开发潜能，即使对自己无法补救的缺陷也能坦然面对。

（七）良好的环境适应能力

环境适应能力包括正确认识环境及处理个人与环境的关系。心理健康的大学生是环境的良好适应者，面对所处的环境能够有客观的认识和评价，使自己与社会保持良好的接触；生活理想不脱离现实，能面对现实修正自己的需要和欲望，使自己的思想、行为与社会协调一致；对生活、学习和工作中的各种困难和挑战都能妥善处理。

（八）心理行为表现符合大学生的年龄特征

在人的生命发展的不同阶段，均应有相应的心理行为表现。大学生是一个处于特定年龄阶段的社会群体，他们的认知、情感、言行、举止应具有与其年龄和社会角色相应的心理行为特征，如精力充沛、勤学好问、反应敏捷、喜欢探索等；具备独立的生活能力和独立的思考判断能力；其行为具有理智性和一贯性，能合理地控制自己的情绪。

事实上，心理健康的标准不像生理健康的标准那样具体、精确和绝对，心理健康与否、正常与否的界限是相对的，以上心理健康标准仅仅反映了大学生个体良好地适应社会生活所应有的心理状态的一般要求，而不是最高境界。心理健康是较长一段时间持续的心理状态，一个人偶尔出现的一些不健康的心理行为并不意味这个人就一定心理不健康。心理健康状态并非固定不变的，而是不断变化的，既可以从不健康转变为健康，也可以从健康转变为不健康。

三、正确理解心理健康的标准

（一）出现不健康的心理和行为不等于心理不健康

心理不健康与有不健康的心理和行为表现不能画等号。心理不健康是指一种持续的不良状态，偶尔出现一些不健康的心理和行为并不等于心理不健康，更不等于已患心理疾病。因此，不能仅从一时一事而简单地给自己或他人下心理不健康的结论。

（二）心理健康与不健康是一种连续状态

心理健康与不健康不是泾渭分明的对立面，而是一种连续状态。从良好的心理健康状态到严重的心理疾病之间有一个广阔的过渡带。在许多情况下，异常心理与正常心理、变态心理与常态心理之间没有绝对的界限，只是程度的差异。

（三）心理健康的状态是动态变化的过程

心理健康的状态不是固定不变的，而是动态变化的过程。随着人的成长、经验的积累、环境的改变，心理健康状况也会有所改变。

（四）心理健康的标准是一种理想尺度

心理健康的标准是一种理想尺度，它不仅为我们提供了衡量是否健康的标准，而且为我们指明了提高心理健康水平的努力方向。每个人在自己现有的基础上做不同程度的努力，都可以追求心理发展的更高层次，不断发挥自身的潜能。

（五）满足大学生心理健康的基本标准

大学生心理健康的基本标准是能够有效地进行工作、学习和生活。如果正常的工作、学习及生活难以维持，则应该及时调整。

新时代大学生心理健康标准既是促进大学生心理健康发展的客观需要，也是构建具有中国特色的大学生心理健康标准理论的重要课题。心理健康标准是一种理想的尺度，是一种积极的、富有建设性的标准，使用心理健康的标准来评判实践中的大学生心理健康状况时，需要坚持相对、长期、动态的原则。

第二节 大学生心理健康概述

在 21 世纪这个创新的时代，我国高等教育已经不同于 19 世纪的"知识教育"，也有别于 20 世纪的"能力教育"，而是更加强调"综合素质"教育。其中，大学生心理健康教育就是"综合素质"教育的重要组成部分。大学生是未来社会的栋梁，拥有健康的心理是其适应学校和社会生活、取得学业和事业成功的基础和条件，是他们全面发展整体素质的中介和载体，所以大学生的心理是否健康、心理素质如何不仅影响其自身的成长和发展，而且关系到全民族素质的提高，关系到国家未来的发展。因此，高校应重视大学生心理健康教育工作，构建出合理的工作机制与工作模式，不断增强心理健康教育的实效性。

一、研究大学生心理健康的意义与原则

（一）研究大学生心理健康的意义

人的心理是对客观现实的反映，而健康的心理是能够正确反映社会客观现实的必要条件。只有正确地反映了社会环境，才能适应环境，也才能谈得上改造环境，健康的心理状态和我们的社会适应能力是分不开的。因此，研究大学生的心理与健康的关系，探明其心理特点和发展规律，对于大学生心理的健康发展和自身潜能的发挥，培养其可持续发展能力，无论是在理论上还是在实践上都具有重要的意义。

1. 有助于自身心理的健康发展，促进社会化

学习与研究大学生心理健康的根本目的是促进大学生的身心健康和人格完善，它不仅是大学生自身心理发展的需要，也是社会发展对人的素质的要求。青年期是世界观、人生观奠定基础的重要时期，树立正确的世界观、人生观是健康成长的动力源。只有这样，大学生才能正确地认识心理与健康的关系，而理想信念的确立、健全人格的形成、社会角色的取得都是建立在自身心理健康的基础上的。从社会化的角度来说，正确地认识大学生的心理特点和发展规律是顺利完成大学生社会化的重要因素，如果对此不能正确地认识，就有可能产生各种各样的心理障碍，从而影响和阻碍个体社会化的完成过程。因此，搞清楚大学生的心理与健康的关系，以及心理发展的规律，对于当代青年的健康成长将起到有益的指导作用。

2. 有助于培养良好的心理素质，顺利成才

心理素质与成长成才的关系是十分密切的，因为健康的心理能促使人们的智力潜能不断地被激发出来，并有效地进行创造活动。许多研究表明，那些有成就的人一般都具有独立思考、强烈的好奇心、较强的责任感和坚韧的毅力等心理素质。由此可见，人才的良好心理品质都是建立在心理健康的基础上的。只有这样，才可能在探索真理的道路上勇于攀登，把智慧和力量转化为人类文明的成果。可以说，良好的心理素质是人才发展和成功的内在推动力。因此，学习和研究心理健康知识将使大学生进一步认知智力因素和非智力因素在人才成长过程中的重要作用，了解非智力因素的重要影响，从而激发大学生培养良好心理素质的自觉性。

3. 有助于掌握心理调节的方法，克服心理障碍

实践证明，人才的成长不仅需要良好的思想道德修养和智力因素，还需要有健康的体魄和健康的心理。大学生活中，许多大学生面临各种困难、挫折和情感冲突时，由于缺乏心理健康知识和调控技巧，从而陷入困扰不安的不良情绪中，由此引起一系列生理和心理的反应，严重的还会导致不同程度的心理障碍和心理疾病。高校教师应该通过学习与研究大学生心理与健康的关系，借助于知识和理性的力量为大学生指点迷津，帮助大学生排除困扰，避免发生心理冲突，从而帮助大学生有效地克服困难，顺利地渡过困境和战胜困难。

4.有助于强化教育的人文关怀

真正优秀的教育显然不仅仅包括知识和技能的传授，心理知识和心理健康教育在现代教育中同样起着不可估量的重要作用。随着当今社会的飞速发展，在对人才的全面发展提出新的更高要求的同时，也对教育提出了全面提升的诉求。如何给予大学生更多的人文关怀，让大学生能在美好的大学时期实现全面发展的最终目标成为教育的新重点和新导向。心理健康教育无疑是一个很好的、值得尝试的必要途径。人文教育的形式结合心理健康教育的内容，在提升大学生心理素质的同时，也提升了大学生的人文素养，有利于促进大学生树立正确的世界观、人生观和价值观。

（二）研究大学生心理健康的原则

1.客观性原则

人的心理是客观现实的反映，而大学生的心理健康问题是在客观条件的影响下，通过个体的内心体验所表现出来的一系列的身心反应的结果。因此，研究大学生的心理健康问题时，如果不研究客观现实对大学生心理的影响，就是脱离实际。这种客观现实既包括当前影响大学生心理的各种外部因素，也包括过去影响他们的各种因素，同时还要研究大学生心理的内心体验过程。要从个体或群体心理产生的条件、心理活动的外在表现方面去揭示大学生的心理发展与健康的关系，这就要遵循客观性原则，不能附加任何主观臆测，只有这样，才能得出科学的结论。

2.动态性原则

大学生的心理健康状态是静态与动态的统一，是一个不断发展的过程，而动态是其本质的、根本的特征。因此，在研究大学生心理发展与健康的关系时，要充分考虑到影响大学生心理的客观条件变化，如社会、文化、家庭、学校等外部环境是在不断变化的，大学生自身的认知结构、内心体验和行为方式也随着年龄的增长、知识的积累以及经验的增加而不断变化发展。因此，研究大学生的心理健康问题，应当从一个动态的过程中整体把握，这样才能正确地揭示大学生的心理发展与健康的关系，才更具有现实指导意义。

3.系统性原则

人是一个统一的有机整体，是一个多层次、多结构的开放系统。如前所述，人的身心健康是社会因素、心理因素、生物因素等交互作用的结果。因此，在研究大学生的心理发展与健康的关系时，既要考察大学生个体心理系统中各因素的相互关系、相互作用，也要考虑囊括心理过程、心理状态和心理特征等子系统的相互作用与相互关系，还要把大学生心理置于更大的系统中去考察，研究他们与社会系统、生物系统之间的相互作用，分析各个系统中的不同因素对大学生心理健康的影响和作用方式。只有这样，我们才能找到各种心理现象与健康之间的因果关系，从而掌握维护心理健康的有效方法，为促进大学生的心理健康提供科学指导。

二、我国大学生心理素质的现状

相关调查显示，我国大学生的心理健康状况不容乐观，心理素质整体水平不高。大学生正处于青年期，是自我意识迅速发展的关键时期，他们的许多心理问题都是由于自身心理素质不良而造成的。其主要表现在如下几个方面。

（一）生活自理能力弱

从在校的大学生来看，有相当数量的学生缺乏独立性锻炼，生活和心理上明显处于"断乳期"。面对新的环境、新的观念、新的思维模式，特别是社会改革全面深化和市场竞争日趋加剧，使大学生的心理压力加大，而承受能力和适应能力明显不足，很容易在遇到困难、失败和逆境时感到心理不适，造成心理障碍，直接影响到生活、学习，最后影响自己的全面成长。

（二）缺乏学习目标和兴趣

由于大学的学习既有基础知识，又带有研究性、创造性的学习，与原来中学时的学习方法、听课模式有很大的差异，一部分学生不能很快适应这种变化，产生了学习方面的适应不良。其具体表现是：没有明确的学习目标，对学习缺乏信心、没有兴趣、学习方法不当，紧张、焦虑情绪反应增多；产生失落、压抑、自卑、自责等心理反应。

（三）自我评价过高或过低

自我评价过高：自负傲慢、眼高手低，认为自己是天之骄子，千里挑一，看问题容易以自我为中心，自私偏激，唯我独尊，理想脱离现实，一遇到困难和挫折就悲观失望、大呼不公、百无寄托、丧失前进动力。这种心态在家庭及生活条件较优越和成长过于顺利的学生中最容易产生。

自我评价过低：自卑心理极强，感到生不逢时，往往感到自己没有别的同学家庭条件好，认为自己在外在形象、智力水平等方面都较差，感到事不如人、低人一等，在遇到逆境时，缺乏信心与勇气，甚至对自己的能力产生怀疑和动摇，从而自惭形秽、悲观厌世。这种心态在各方面条件较差或遭遇重大变故的学生中比较常见。

（四）恋爱和性的问题

大学生正值青春发育成熟期，出现了想与异性交往的欲望，引发其强烈的恋爱和性的冲动，但由于受到生理因素、环境因素和心理因素的影响，有的学生会出现一些心理问题。

恋爱方面的困扰有：因失恋而精神不振、痛苦；因单相思而烦恼；因看到周围同学成双成对自己却单身而自惭形秽；因发生越轨行为而悔恨，因担心怀孕或已经怀孕而不知所措；还有的学生对性缺乏健康、科学的认识和态度，因对自己的性心理和性行为缺乏正确的认知而常常感到困惑、不安和压抑。少部分严重的同学还会出现失眠、注意力不集中、不愿与异性交往等状况，从而影响了学习。这些恋爱和性方面的困扰严重时甚至可能导致心理障碍、自杀和犯罪。

（五）缺少交往经验和交往技能

进入大学后，人际交往日趋社会化和复杂化，一些缺乏社会阅历和人际交往经验、生活习惯和思想观念又相对个性化的大学生会感到不适，难以在频繁的交往中做到游刃有余，经常会难以招架、怀疑一切、缺乏真诚，嫉妒别人的优越地位和条件，交往中故意设置障碍，最终使自己陷入困境。

（六）毕业生的心理压力

毕业生的心理压力比低年级学生要大，就业市场上的艰难、考研道路上的迷惘以及即将遭遇分离考验的爱情是毕业生最大的三个心病。

面对巨大的就业压力，每一个大学毕业生都感受到了形势的严峻。调查表明，15%的大四毕业生不能以健康的心态面对毕业和就业。在关系到自身前途与命运的人生重大选择中，很多学生显然没有足够的信心坦然面对，由此便引发了对择业的紧张、焦虑、恐惧、抑郁、愤恨等情绪。

社会对学历的要求驱使很多本科生考研，确定结果前还得找工作，遇到满意的单位签也不是，不签也不是，这种两难境地深深折磨着许多毕业生。大学生活中的爱情是甜蜜的，但毕业时面临的分离却很现实和残酷。潜在的或实际的分手威胁时时刻刻侵扰着一部分毕业生的生活，使他们感到焦虑、抑郁、痛苦。

另外，大学生还有一些其他方面的心理问题甚至心理障碍，如人生目标缺失、互联网成瘾、手机依赖症甚至抑郁症、焦虑症等精神类疾病。若想有效解决大学生这些心理上的困扰，提高大学生心理素质，高校就应该有针对性地开展心理健康教育工作，构建心理健康教育的长效工作机制。

第三节 大学生心理发展的本质、特点和标准

一、大学生心理发展的本质

（一）生物发生论

生命的起源与演化是和宇宙的起源与演化密切相关的，生物的起源过程应当与宇宙形成之初，通过所谓的"大爆炸"产生了碳、氢、氧、氮、磷、硫等构成生命的主要元素有关。

生命的诞生是物质不断运动、变化的结果。这一变化分为两个阶段：一是在生命系统诞生之前的化学进化阶段，为生命的诞生准备了有机材料；二是生命诞生之后，由低级到高级、由简单到复杂的漫长生物进化过程。

至此，地球上的生物发展规律已逐渐清晰明了，人类也是随着这个大的发展趋势而产生的，而心理的发展大致也是如此。在人的一生中，心理是在不断变化发展的。一般来说，从出生到成熟期间，心理发展的总趋势是从简单到复杂、从低级到高级、从混沌到分化的上升过程。从成熟到衰老期间，心理发展的总趋势是从健全到衰减、从灵活到呆板、从清晰到朦胧的下降过程。对于每一个人来说，心理发展的阶段是不可逾越的、不可倒退的。一个儿童不可能从动作思维水平跳过形象思维而直接进入抽象思维水平，也不可能先发展抽象思维，然后再依次倒退着发展。大学生的心理具有青年初期的许多特点，而作为一个特殊群体，大学生又不能完全简单地等同于一般的社会青年，但大学生和社会青年具有属于一个时期的青年的普遍共有的心理发展本质。

（二）社会发生论

随着历史车轮的飞速向前，人类告别了手工作坊的旧时期，改良蒸汽机的发明推动着人类社会犹如火车般飞驰前行。生产效率的大幅提高、生产力的大幅解放以及新科学技术如雨后春笋般的涌现，使人类社会进入前所未有的新时期。而这时的资本主义制度也在欧洲主要国家确立，资本主义社会开始发展。但是，貌似繁荣发展的社会下却隐藏着一系列重大的社会问题，这些社会问题伴随着资本主义社会的发展而日益尖锐化，严重制约了社会的正常前进。此时，资本主义社会迫切需要一些学科来研究社会上的各种问题，于是社会学（sociology）应运而生，而心理学（psychology）也随之发展起来。

唯心主义的心理观认为，心理是不依赖于物质而独立存在的，主张心理是第一性的，物质是第二性的。唯物主义的心理观主张客观世界是物质的，即物质是第一性的，而心理是物质派生的，是第二性的。古代唯物主义者就认为心理活动是身体的一种机能，心理现象是由外界事物作用于人而引起的。

（三）心理发生论

生物进化到一定水平，出现了神经系统，于是最为简单的心理现象就出现了。心理是物质运动发展到高级阶段的属性，是大脑对客观事物的反映。人类心理的发生有两个基本条件：一是劳动，二是语言。

1. 劳动在人类心理发生中的作用

当类人猿发展到能够制造工具和使用工具时，就逐渐发展进化成了人。因此，劳动使类人猿进化为人类，劳动使人类的心理得以发生。

2. 劳动使人类心理有了产生的必要

人类要生存下去，就必须劳动；而要劳动，就必须在心理上发生劳动所需要的变化。这种变化包括：①概括性：人类如果没有概括性认识，就无法进行劳动。正是因为按"需要产生了自己的器官"这一原理，于是作为人类所特有的劳动的这一需要，就产生了人的心理的概括性；②预见性和目的性：人类劳动开始时，需要预想到以后的结果。因此，劳动要求从事劳动的人有预见性和目的性，否则劳动就无法进行。这一点正是人和动物的根本区别。

3. 劳动使人类的心理有了产生的可能

在劳动过程中，人类祖先的手成了劳动的器官，直立行走最后确定下来，发音器官发生了质的改变，大脑皮质发生了巨大的变化。所有这些都为人类心理的产生打下了基础，主要表现在：劳动使人类祖先的爪（前肢）和足（后肢）产生了分工；劳动发展了人类的社会集体性；劳动促进了人类的社会化。集体劳动对人类心理的发生有非常重要的作用，首先，促进了人类知识、经验的传递，使人类掌握了制造工具的技能；其次，促进了人的自我意识的发生；最后，促进了语言的产生。

4. 语言在人类心理发生中的作用

语言是人类最重要的交际工具，也是正常人的思维赖以进行的工具。

1）语言产生的条件

语言是劳动过程所必需的。没有语言就不能劳动，语言是伴随着劳动而产生的。在劳动过程中，已经到了彼此之间非说不可的地步。可见，语言是伴随适应劳动需要而产生的。

语言是劳动结果所必需的。在劳动中，人类积累起来的知识与经验必须一代一代地传下去，迫切需要一种工具来标志事物的名称和表示一定的过程与情境。可见，为了保存人类积累的知识与经验，也同样需要语言这个有效载体。

劳动使人有语言的发音器官和共鸣器。在劳动过程中，人的口腔、鼻腔和咽喉形成了直角，从而加长了呼吸道，同时嘴巴越来越扁平，腮部越来越发达，从而使人类的发音器和共鸣器得到了良好的进化。

劳动使人有了能够说话和听话的大脑。人类的大脑中出现了语言中枢，主要是语言听觉区（颞叶）和语言运动区（额叶）。

2）语言的作用

语言是人类祖先在社会劳动和社会交往中，为了交流思想、传递信息的需要而产生的。语言一经产生，就对人类的心理发展起着巨大的推动作用，使人类的心理产生了质的飞跃。

语言是思想的直接实现，是人类心理产生与发展的最直接原因。以词作为条件刺激物的第二信号系统是人类区别于动物的本质特点之一。

语言促使抽象思维产生。没有语言符号，抽象思维的结果就无法表示出来，语言和思维是密不可分的。

语言使人类克服自身认识的局限性，促进了心理向更高、更为复杂的层次发展。

（四）综合发生论

世界上的事物的发展都不是孤立的，心理的发展也总是与生物、社会等的发展息息相关。现代心理学家一般认为，心理健康是指人体在各种环境中能够保持良好的心理状态。人在生活实践中，要不断地与外界环境发生关系，相互作用，接受环境的影响，并积极反作用于环境，以取得与外界环境的平衡与协调。一个心理健康的人在社会生活中应具有正常的智力、积极的情绪和情感、良好的性格和融洽的人际关系等特征，同时还能随环境条件的变化而不断调整内部心理结构，认识到心理健康是一种不断发展的状态和过程。

波孟指出，心理健康是合乎某一水准的社会行为，一方面能为社会所接受，另一方面能为本身带来快乐。

傅连璋先生强调，心理健康的含义应包含：身体发育正常，功能健康，没有疾病；体质强健，对疾病有较强的抵抗力，并能经受艰巨的任务环境的考验；精力充沛，能保持较高的效率；意志坚定，情绪正常，精神愉快。心理是否健康一般采用量表测量，其标准不是固定不变的。心理健康的标准随着时代变迁而变迁、文化背景变化而变化。

心理发展是指人的一生所发生的心理变化过程。就发展心理学而言，发展不仅指由不成熟到成熟的过程，也指衰退、消亡的过程。但教育领域研究的"心理发展"特指个体由不成熟到成熟的成长阶段的心理变化。

（五）心理发展的本质和原因

心理发展起源于动作，动作的本质是主体对客体的适应，主体通过动作对客体的适应乃是心理发展的真正原因。

适应的两种形式：一是同化，即把环境因素纳入有机体已有的图式或结构中，加强和丰富主体的动作；二是顺应，即改变主体动作以适应客观的变化。因此，适应的过程就是发展的实质和原因。

二、大学生心理发展的特点

让·皮亚杰（Jean Piaget，1896—1980）是瑞士人，他是近代最有名的儿童心理学家。皮亚杰对心理学最重要的贡献是他把弗洛伊德的那种随意、缺乏系统性的临床观察，变得更为科学化和系统化，促进了日后临床心理学的长足发展。

青少年心理发展规律的一种总趋势是机理性的，是指能够揭示青少年心理发展本质的趋势，主要有复演式、趋平式、攀岩式和危机—去危机四种路径；另一种总趋势是表现性的，是指从外部可以明显感知的发展趋势，主要有旋流式和跃迁式两种路径。

因此，青少年应主动适应环境，改变自我，朝着阳光积极的方向前进。随着青少年生理发育的成熟、社会环境的影响，特别是大学生的学习行为和生活方式的改变，促使个性心理发生变化，形成了大学生特有的心理特点。

（一）年龄特点

我国大学生多数处于青年初期（18～22岁）这一年龄阶段。在这个阶段，个体的生理发展已接近完成，已具备了成年人的体格及种种生理功能，但其心理尚未完全发育成熟。对大学生而言，所面临的一个重要任务就是促使自身的心理日益成熟，以便成为一个身心健康的成年人。可以说，青年初期是走向成熟的关键期。

人的成熟应具备以下三个基本条件。

第一是身体的长成，以个体生理成熟为标志，尤其是以性成熟为重要指标。大学生一般都已具备这种条件。

第二是心理发展的完善，即形成了完善的自我概念，形成了稳定的个性。

第三是社会化程度的提高，以人的社会成熟为标志，即个体对自己在社会中所处的角色及所担负的社会责任有正确的认知。

在这三个条件中，生理成熟是心理成熟的物质基础和依据，社会成熟是心理成熟的必要条件。而社会化程度的提高取决于个体的社会实践活动。由于大学生在校学习时间长，与社会生活有着一定程度的隔离，他们身在校园，对真正的社会生活并没有直接的、深刻的了解，导致他们的社会实践活动比较表面和肤浅。因而，大学生的社会成熟期较长，在整个大学时代，他们都要为这种社会成熟的完成而付出努力。

（二）自我概念的增强与认知能力发展的不协调

自我概念是指人对自身的认识及对周围事物关系的各种体验。它是认识、情感、意志的综合体，是人心理发展过程中的一个极为重要的方面。

自我概念从童年期（childhood）就开始产生并逐步发展，青少年时期（adolescence）是自我意识发展最快的时期，它使人心理的各个方面都发生着深刻而广泛的变化；它使一个人能反省自身，有明确的自我存在感，从而成为独立的个体来看待周围世界；它使人的心理内容得到极大的扩展和丰富。

自我概念的发展不仅与年龄有关，而且与人的知识水平有关。一个人的文化素质越高，其自我意识就越强。从这两点来看，大学时期是真正认识自我的重要时期。大学生所处的年龄阶段和所具备的文化水准决定了他们不再像中学生那样眼光向外，对外界的事物感兴趣，急于了解世界，把握外部环境，急于显示自己的独立，想做环境的主人；而是眼光向内，注重对自己进行体察和分析，把自我分化为主体的我和客体的我，以及理想的我和现实的我，注意内省，注重探求自己微妙的内心世界，力图理解自己的情感、心理的变化，自觉地从各方面了解自己，塑造自己的形象，设计自我的模式。

大学校园这种特殊的环境是十分强调独立、注重自我确立的地方。许多大学生在较大程度上按照自己的方式安排自己的生活，有一种宽松、自由的氛围；同时，由于大学生所处的独特社会层次及具有较高的文化素质，他们对客观事物有着自己的见解，他们看问题的视野可能与一般人有所不同，有一种以天下为己任的抱负和心愿。一方面，他们关心社会发展。这种关心是抛开切身利益，以大视角来进行的，注重的是整个社会的提高与进步。他们热衷于参与社会实践，对社会舆论愿意独立思考。然而，另一方面，由于大学生生活阅历有限，与社会有一定的距离，社会实践能力不强，使他们在谈论、评价、思考社会问题时，往往带上幻想的色彩，不能十分切合实际。他们对事物的认识表现出一定的片面性和幼稚性，尚不能深刻、准确、全面。这种不足与他们极强的自我概念不相协调，这种不协调可能会一直困扰着他们。

（三）性意识的萌发

大学生正处于青年初期，生理发育基本完成，所以性意识的萌芽与发展都是正常的。由于大学校园是年轻人的世界，每个大学生都有充分的机会与同龄的异性接触，因而性意识的发展以及与之相伴而来的恋爱问题是大学生心理发展过程中的一个重要内容。一方面，性意识的发展带来强烈的按照性别特征来塑造个性和形象的精神向往。每个大学生都会在心里产生一种愿望，即成为什么样的男人或女人。另一方面，性意识的发展也带来了对异性的倾慕与追求。这是每一个青春萌动的大学生都会遇到的问题。而这种愿望会与大学生还不善于处理异性之间的关系，或者他们的经济地位与心理成熟度还不足以应付这种问题相矛盾，从而带来种种不安和烦恼。

他们对异性充满好奇，关注异性（每晚寝室里"卧谈会"的主题往往都是异性、友谊、爱情、性），他们追求纯洁美好的爱情，加上大学环境较为宽松，不少学生开始考虑恋爱问题，并试图建立相对稳定的恋爱关系。不少大学生能合理选择恋爱时机，处理好学业与爱情的关系，并采取文明、健康的恋爱方式，使之成为完善人格的契机和美好人生的华章。但也有部分大学生在尚不了解爱情真谛时就匆忙涉足爱河、陷入感情旋涡，或者不能慎重处理两性关系，从而影响学业，酿成悔恨的苦酒。

（四）智力发展达到高峰

大学生一般思维敏捷，接受能力强，通过专业训练、系统学习，抽象逻辑思维能力得到充分发展，智力水平大大提高，分析问题、解决问题的能力增强，其智力层次含有较多的社会性和理论色彩。这一显著特点使大学生心理活动的内容得到极大丰富，但有时也会带有一定的主观片面性，甚至过分自信和固执己见。

（五）情感丰富而不稳定

需要是情绪与情感产生的基础。大学生的心理需要复杂多样，既有衣、食、住、行等基本生活的需要，又有迫切的交往需要和成就需要，渴望理解和尊重，寻求友谊和爱情，他们还有自我实现和求真、求善、求美的高层次需要。复杂强烈的需要导致大学生的情绪与情感体验丰富而深刻，使得他们不论在日常生活、学习、交往中，还是从事社会活动时，无不带有浓厚的感情色彩。大学生的自我情感体验十分丰富，注重独立、自尊和自信，有强烈的民族自尊心和自豪感，有"天下兴亡，匹夫有责"的社会责任感。

大学生大多疾恶如仇、善恶分明、正义感强等。但是，由于大学生的生理、心理和在社会性上表现出的不平衡，使得他们的情绪和情感具有不稳定性，突出表现在情绪与情感的波动性特点，即常在两极之间动荡、起伏，时而平静、时而活跃，时而积极、时而消极，时而肯定、时而否定，时而内隐、时而外显。此外，大学生精力充沛、血气方刚，具有勇往直前的气魄，但有时也会盲目蛮干，尤其是在感受到挑衅和敌意时，有时也容易情绪失控，呈现出冲动性的特点。

（六）社会需求迫切

为了接受系统、严格的专业训练，大学生在校园里的生活期限比同龄人长，这使他们与社会有一定的距离。也正因为如此，他们渴望加入社会的愿望更为迫切。在校园里，他们密切关注社会，积极评判各种社会现象，并希望自己尽快加入进去，按照自己的想法去改变各种令人不满意的现象，利用自己的专业知识服务社会，体现自己的力量，实现自身的价值。这种迫切的社会需求与大学生正在形成的价值观相互作用，是他们将来走向社会的重要心理依据。这一心理特点支配、指导着大学生的学习态度，从而对其大学时代的生活质量产生重要的影响。

综上所述，大学生由于正处在迅速走向成熟而又尚未完全成熟的发展阶段，在各个方面均表现出积极与消极的心理特点，其发展亦不平衡。因此，大学生中往往容易出现各种各样的自我矛盾，诸如独立性与依赖性的矛盾、强烈的求知欲与识别能力低的矛盾、情绪与理智之间的矛盾、理想与现实的矛盾等。

三、大学生心理发展的标准

大学生的心理是否健康，是有一定的评判标准的。美国心理学家马斯洛和米特尔曼提出的心理健康的十条标准被公认为是"最经典的标准"，具体如下。

（1）充分的安全感。

（2）充分了解自己，并对自己的能力做适当的估价。

（3）生活的目标切合实际。

（4）与现实的环境保持接触。

（5）能保持人格的完整与和谐。

（6）具有从经验中学习的能力。

（7）能保持良好的人际关系。

（8）适度的情绪表达与控制。

（9）在不违背社会规范的条件下，恰当地满足个人的基本需要。

（10）在集体要求的前提下，较好地发挥自己的个性。

马斯洛（Abraham H.Maslow，1908—1970）是美国著名社会心理学家、第三代心理学的开创者，他提出了融合精神分析心理学和行为主义心理学的人本主义心理学，于其中融合了其美学思想。

以上这些是世人普遍接受的心理健康评判标准。然而，大学生作为一个特殊的群体，处于人生中一个特殊的阶段，正是人格日趋成熟的关键时期，并且大学有着它的特殊性。一方面，大学给大学生提供了一个相对封闭的学习和生活空间；另一方面，为了大学生今后的发展，大学又和社会有着广泛的交流。而大学生正是通过这个平台来初步接触社会的。这些都给大学生的心理带来了很多影响。因此，对于当代大学生，我们有着专门的心理健康评判标准。心理学家认为，大学生的心理健康包含以下八个方面：智力正常、情绪健康、意志健全、人格完整、自我评价正确、人际关系和谐、社会适应正常、心理行为符合大学生特征。大学生可以从这些方面来初步判断自己的心理健康状况。

（一）智力正常

智力正常是大学生在大学求知的最基本保障，也是大学生适应周围环境、应对学习和生活事务的基本要求。作为一个大学生，应该具有强烈的求知欲，有着提高自己、实现自身价值的欲望，应当自觉地学习，并且积极参加学校组织的各项活动，在实践中不断进步和提高自己，做一个对社会有用的人。

（二）情绪健康

情绪是一个人一段时间内心理状态的反应。善于调节自己的情绪，积极发现正面情绪，合理排解负面情绪，是大学生应该具有的能力。大学生在学习、工作和与人交往的过程中，会遇到各种不同的境遇，会对自身情绪产生不同的影响。大学生应该对生活怀着一颗感恩的心，乐观向上，朝气蓬勃；应该在生活中恰当地调节自己的情绪，使自己保持健康的情绪；应该使自己保持身心愉悦，学会合理地调节和释放情绪；应该学会从自己的情绪中判断自己的心理状态，及时做出恰当的调整。

（三）意志健全

当今世界商品经济发达，物质生活丰富，大学生面对越来越多的诱惑，其意志面临着巨大挑战。意志是人在完成一种有目的的活动时，所进行的选择、决定与执行的心理过程。大学生在遇到问题时，应该独立做出判断，并且决定该如何处理；面对困难和挫折，也应该做出积极、正确的反应。

（四）人格完整

人格完整是指有着统一、健全的人格，真正做到所想、所做、所说一致，有着明确、积极的价值观，并且以切实行动去努力实现。这样，大学生才能在漫长的征程中不感到迷茫。有了完整的人格，才能将自己的行动统一起来。人格完整的人在为自己的理想而奋斗的同时，还应该完善自己的道德观念建设，为自己架设道德底线，做一个正直、有原则的人。

（五）自我评价正确

有了正确的自我评价，才能用平和的心态去面对生活。这样才不会因为一点挫折就畏缩不前甚至感到自卑，也不会因为一点小小的成就而产生骄傲的情绪，才能做到自尊、自强、自爱、自立。这样才能认清自己和他人的关系、自己和社会的关系，找准自己的位置。这需要大学生进行自我观察、自我剖析、自我认知，从而更好地理解自己的作用和价值。

（六）人际关系和谐

人是不可能离开集体而存在的。大学更是可以看作一个小社会，所以学会和他人交往，建立起良好的人际关系，是大学生不可缺少的一项技能。这要求大学生能客观地认识自己和别人，掌握与人交往的技巧，严于律己、宽以待人；与人交往要做到诚实守信、乐于助人、不封闭自己，又要注意交友对象；广交良友、净友，在提高自己的同时帮助他人共同进步。

（七）社会适应正常

大学是进入社会的前站。大学生应该积极主动地适应社会环境，为将来走出校门投入社会、实现自身价值打下基础。这也是时代对大学生提出的要求，所以大学生应该具有良好的适应性。一方面，要根据现实状况积极地调整自己，以适应环境；另一方面，要充分发挥自己的主观能动性，适当改变环境以适应自身需求，从而更好地实现自身的价值。

（八）心理行为符合大学生特征

大学生是处于特殊年龄阶段的特殊群体，有着诸多独特的心理特征，这是一种正常的现象，所以作为大学生，应该有着与之相适应的心理特征。

当代大学生应该充分认知自我，了解自己的心理状况，并且做出适当的调整。大学生可以通过广泛的阅读来提升自己，从而树立完整的人格；或者通过参加实践活动磨炼自己的意志，锻炼自己的能力，保持自己的心理健康。

当今社会是个飞速发展的社会，人们面对各种不同的压力，心理疾病已经成为重要的社会问题。我们更应该了解心理健康的评判标准，及时发现自己的问题，并采取相应措施。大学生是时代的希望，是未来社会的中流砥柱，更应该时时关注自己的身心健康，争取早日成为社会栋梁。

第四节　大学生心理健康的影响因素

随着当今社会竞争压力的日益增大，相当一部分大学生由于缺乏心理承受力和适应能力而产生了种种心理困扰，其主要群体是大学新生。他们刚刚进入新的学习、生活环境，容易产生各种心理不适应的感觉和问题。根据初步调查，发现20%～25%的新生存在心理问题，或者一直在困扰和痛苦之中煎熬，大约15%的新生需要心理咨询，或者是老师、长辈的正确引导和教育。这些心理问题如果得不到及时解决和正确导向，就会严重影响大学生正常的学习和生活。影响大学生心理健康的因素有很多，主要分为自身主观因素和社会客观因素两类。

一、自身主观因素

（一）主观认知有偏差

大学生充满理想和对未来的憧憬，但是在现实生活中，他们对自己学习、工作的目标和周围人际关系的要求过高，不考虑客观条件的限制，希望自己做的一切都是顺利的，一旦出现某种挫折，他们就十分失望。例如，现在学习压力较大，需要付出长期的努力和坚强的毅力，这使部分学生在努力一段时间仍没有使成绩提高时，就失去了奋斗的动力；认为花父母辛苦挣来的钱上学，学不好就没有一份像样的工作，就对不起父母的殷切期望，因此产生了困惑、紧张、恐惧，久而久之就会丧失信心，不求上进。他们的这些心理问题如果长期得不到正确的疏导，就会影响他们的心理健康。有时学生不能客观地看待和分析问题，他们以自己的独特方式看问题，过于片面化。例如，有的学生总是以自己为出发点，认为事物必须以自我为中心，一旦与自己的想法脱钩，便极易陷入情绪困扰之中，就认定自己"没有用"，因而导致不良情绪的发展和延续。

（二）个性迥异

个性因素亦可称为人格因素。个性因素包括性格、气质、能力和个性倾向等因素。个性因素是心理活动因素的核心，它对一个人的心理健康影响最大。例如，同样一种生活挫折，对不同个性的人，其影响程度完全不同。有的人可能无法承受，或消极应付，从此自暴自弃；有的人则可能接受现实，正视挫折，加倍努力，奋发图强，知难而进。研究表明，特殊人格特征往往是导致精神疾病，特别是神经功能症的发病基础。例如，谨小慎微、求全求美、优柔寡断、墨守成规、敏感多疑、心胸狭窄、事事后悔、苛求自己等强迫性的人格特征很容易导致强迫性神经症。再如，易受暗示、沉迷幻想、情绪多变、容易激怒、自我中心、自我表现等特殊人格特征很容易导致癔症。因此，培养健全的人格是保持身心健康的关键因素之一。

（三）自我意识不健全

大学生自我的统合程度与心理困扰程度呈负相关，即自我统合程度愈高，心理困惑愈少，反之亦然。大学生的心理困扰大部分都与自我意识有关，这主要表现在不能客观地认识和了解自己，自我评价过高或过低，不能准确地自我定位。这很容易导致其心理偏差和行为怪僻，以致形成心理健康问题。

（四）男女性别差异导致女生成为弱势群体

在有些资料的研究中发现：女生较男生更易产生抑郁、焦虑和恐怖等心理障碍，这可能与男女各自的性别特征有关。女生在生活中遇到的困难比男生多，易产生心理问题，还有女生毕业后择业比男生难、就业压力大等问题。女生自身的特点决定了她们不像男生那样采取一些较强烈的手段来充分宣泄压力，而更容易将这些压力逐步累积，日久形成抑郁等负面情绪。

二、社会客观因素

（一）人际关系适应能力差

大学环境是由来自五湖四海，生活习惯、性格、志趣等各不相同的年轻人汇集而成的一个社会群体，因此在交往的过程中，不可避免地会发生一些摩擦、冲突，有的可能导致情感的损伤。一旦出现人际关系不和谐或发生其他冲突，就会使人产生压抑和焦虑。部分学生存在着异性交往恐惧，也有部分学生存在着由于性格上的不合群导致的人际交往方面的障碍。长期的人际关系不和谐、周围环境紧张则会导致各种心理障碍的产生。

（二）家庭压力

现在的大学生大多为独生子女，家长"望子成龙、望女成凤"的心愿使他们承受了较大的来自家庭的学习、生活和成长成才的压力。特别是近年来，随着大学教育消费水平的不断提高，更使那些家庭经济条件受限制的学生压力增大，如果学不好，就会觉得对不起父母，心里就会内疚或自卑。另外，当代的大学生大多生长在富裕的生活环境中，优越的生活条件使他们在生活中遇到的困难较少，因而他们在现实生活中有时会表现得有点自私和脆弱。这些性格和情感方面的缺陷使他们在遭遇生活中的困难和挫折时，往往缺乏足够的勇气和信心，如若没有及时发泄和排解，就容易导致心理疾病。现在大学生中独生子女的比例增大，即使不是独生子女，一个家庭也只有两三个孩子，父母及其他长辈们的过度溺爱常使一些孩子变得任性、自私，过度以自我为中心，缺乏合作精神，这也容易导致心理疾病的产生。

（三）网络传播导致人际交往能力弱化

互联网的开放、共享使现今的人际关系面扩大化。渴望参与社会交往的大学生用完全虚拟的身份与别人交流，自我认识逐渐模糊，更易使他们形成双重人格。在上网的大学生中，有35%左右的人情绪低落，容易感到孤独。

大学生的心理健康问题一直受到各大高校的普遍关注，但由于社会、家庭以及学生自身素质等多方面的原因，当代大学生正承受着学习、情感、生活、交际、就业创业等多方面的压力，诸多困惑和难题缠绕心间，成为影响大学生心理健康的主要因素。当然，除了上述原因，还有很多其他因素，如同学、师生、室友等关系的不协调，孤僻、内向、失恋、互相攀比等都随时有可能导致大学生心理疾病的产生。

第二章　大学生常见的心理行为障碍

第一节　神经症

雨是大自然的一种天气现象，但自古以来它就被人们赋予了各种各样特别的意义，尤其是常常被文人墨客当作抒发情怀的象征物。我们的来访者琳琳同学对雨天担心与害怕的心情已经严重地影响了她的生活，特别是干扰了她即将面临的高考。这又是怎么回事呢？琳琳的父亲是一个农民，平时工作很辛苦，跟琳琳沟通的时间比较少。中考前些天，父亲送给了琳琳一把雨伞作为礼物，琳琳非常爱惜这把雨伞。可是就在中考那天，天上下起了瓢泼大雨，琳琳便用这把新雨伞遮挡风雨，结果到了考场，身上还是被淋湿了一大片。当看到试卷时，琳琳大脑"一片空白"，最终琳琳发挥失常，从此以后她就非常讨厌下雨，尤其是在她认为值得纪念的日子。每次遇到下雨天，琳琳就会变得非常紧张和焦虑不安，这严重影响了她的生活，因此向咨询师求助。

琳琳的个案就是神经症中恐怖症的典型表现，现在就让我们来详细了解一下神经症的概念、临床表现和不同人群的神经症特点等内容。

一、神经症的概念与分类

（一）神经症的概念

神经症是一种常见的精神症状，以紧张不安、惊恐难耐、持续或反复发作为主，伴有心理、行为、身体变化的一组症候群，以广泛和持续性焦虑或反复发作的惊恐不安为主要特征，常伴有头晕、胸闷、心悸、呼吸急促、口干、尿频、尿急、出汗、震颤等自主神经症状和运动性紧张。其心理变化包括兴奋不已、思想专注于某事、烦躁不安，以及情绪、思维方式改变；行为变化包括警觉水平过高、处理事物不容易集中精力、对日常生活中的事物失去兴趣等。

（二）神经症的分类

神经症分为慢性神经症、急性神经症和恐怖症。

1.慢性神经症

在没有明显诱因的情况下，患者经常出现过分担心、害怕、紧张的情况，常伴有胸闷、头晕、心慌、呼吸急促等症状。

2.急性神经症

在日常生活中，患者突发恐惧紧张心理并伴有濒死感，以及胸闷、心慌、呼吸困难、出汗等。发作突然开始，迅速达到高峰，但是发作时意识清楚。

3.恐怖症

恐怖症是以恐怖症状为主要临床表现的一种神经症。患者对某些特定的对象产生强烈和不必要的恐惧，伴有回避行为。恐惧的对象可能是单一的或多种的，如动物、广场、闭室、登高或社交活动等。患者明知其反应不合理，却难以控制而反复出现。青年期与老年期发病者居多，女性更多见。

二、神经症的症状与特点

（一）神经症的症状

1.慢性神经症

（1）焦虑情绪：对客观上并不存在的某种威胁或危险，患者表现出担心、不安和害怕，常常不能控制，使患者颇为苦恼。此外，还有易激惹、对声音异常敏感、注意力很难集中、记忆力不好等状况。

（2）躯体症状：以自主神经功能亢进为主，如口干、上腹不适、恶心、胀气、腹泻、胸紧、吸气困难或呼吸迫促、心悸、胸痛、心动过速、尿频、尿急等。此外，还有眩晕、出汗、面色潮红等。

（3）运动症状：与肌肉紧张有关，有紧张性头痛，在顶、枕区有一种紧压感，特别是背部和肩部的肌肉疼痛，手部有轻微震颤。

2.急性神经症

（1）躯体症状：当急性焦虑发作时，常会伴随严重的心血管系统的症状，如病人觉得"心脏快要跳出来了"，不时地出现心悸、心慌，严重时甚至会出现昏厥。过度的呼吸导致血液中的碱性成分增加，从而产生手足麻木、头部发胀，以致出现肌肉抽动。病人也会有胃肠症状，如上腹部不适、腹痛、大小便紧迫、腹泻或便秘等。此外，病人还可能出现震颤、多汗等。

（2）睡眠障碍：患者几乎总是或多或少地存在睡眠障碍，大多表现为不易入睡，或入睡后易醒，醒时不安宁，常诉有噩梦，醒后很恐惧。

3.恐怖症

恐怖症的中心症状是恐怖，并因恐怖引起强烈焦虑甚至达到惊恐的程度。其因恐怖对象的不同可分为以下几种。

（1）社交恐怖：主要是害怕出现在众人面前，特别是对于被人注意更为敏感。他们不敢去公共场所，有一种缺乏自信的心态。因此，他们总是不愿从安静的会场走出，不敢在餐馆与别人对坐吃饭，从不与人面对面就座，尤其回避与别人谈话。赤颜恐怖是较常见的一种，病人只要在公共场合就感到害羞、局促不安、尴尬、笨拙、迟钝，怕成为人们耻笑的对象。有的病人害怕看别人的眼睛，怕跟别人的视线相遇，这种情况称为对视恐怖。

（2）单纯性恐怖：这是恐怖症状中较为常见的一种，儿童时期多发，如对蜘蛛、蛇或高处、黑暗、雷雨等产生恐怖。对雷雨恐怖者，不仅对雷雨觉得恐怖，而且对可能发生雷雨的阴天或湿度大的天气也感到强烈的不安。更有甚者为了解除焦虑，主动离开这些地方，以回避雷雨的发生。

（3）广场恐怖：患者不仅对公共场所恐怖，而且担心在人群聚集的地方难以很快离去，或为无法求援而感到焦虑。这些公共场所包括火车站、超市、理发店和影剧院等。因此，该类患者常喜欢待在家里，不轻易出门，以免引起心神不定、烦躁不安。

（4）旷野恐怖：患者在经过空旷地方时就产生恐怖，并伴有强烈的焦虑和不安。因此，患者怕越过旷野，严重时害怕越过任何建筑，如害怕跨越街道、桥梁、庭院和走廊等。此外，还有闭室恐怖者，他们害怕较小的封闭空间，如怕乘电梯、地铁、火车、客船等。患者多呈慢性起病，可持续多年，但大多逐渐有所改善，一般起病急者易缓解。

（二）神经症的特点

1. 神经症的临床表现特点

神经症多数在中、青年期起病，女性的发病率比男性高一倍。其临床表现有以下四种。

（1）病理性焦虑情绪：持续性或发作性地出现莫名其妙的恐惧、害怕、紧张和不安，有一种期待性的危险感，感到某种灾难降临，甚至有死亡的感受（濒死感）。患者担心自己会失去控制，可能突然昏倒。70%的患者同时伴有忧郁症状，对目前、未来的生活缺乏信心和乐趣。患者有时情绪激动，失去平衡，经常无故地发怒，与家人争吵，对什么事情都看不惯、不满意。

（2）神经症认识方面的障碍：对周围环境不能清晰地感知和认识，思维变得简单和模糊，整天专注于自己的健康状态，担心疾病再度发作，因而影响正常的工作、学习和生活。

（3）躯体不适症状：常为早期症状，如心悸、心慌、胸闷、气短、心前区不适或疼痛、心跳和呼吸加快，全身有疲乏感，生活和工作能力下降，导致简单的日常家务工作变得困难不堪，无法胜任，这些症状反过来又加重患者的担忧和焦虑；还有失眠、早醒、梦魇等睡眠障碍，而且颇为严重和顽固。绝大多数神经症病人还有消化功能紊乱的症状，并伴有手抖、手指震颤或麻木感、阵发性潮红或冷感、尿频、尿急、头昏、眩晕、恐惧、晕厥发作等。

（4）精神性不安：坐立不安，心神不定，搓手顿足，踱来踱去，小动作增多，注意力无法集中，自己也不知道为什么如此惶恐不安。

2. 神经症的病理现象

（1）焦虑是一种情绪状态，病人基本的内心体验是害怕，如提心吊胆、忐忑不安，甚至极端惊恐或恐怖。

（2）这种情绪是不快的和痛苦的，有一种濒死或马上就要虚脱昏倒的感觉。

（3）这种情绪指向未来，它意味着某种威胁或危险即将到来或马上就要发生。

（4）实际上并没有任何威胁和危险，或者用合理的标准来衡量，诱发焦虑的事件与焦虑的严重程度不相称。

（5）与焦虑的体验同时存在的还有躯体不适感、精神运动性不安和自主神经功能紊乱。

三、不同人群的神经症症状

（一）儿童神经症症状

幼儿期情绪上多表现为烦躁、哭泣或吵闹，难以安抚和照料，不易抚养。3 岁以后表现出害怕、恐惧的感觉，行为上表现为胆小，不愿离开父母，纠缠母亲；上幼儿园时惶恐不安，哭闹。患儿较易出现食欲不振、胃肠功能紊乱，时有呕吐、腹泻，或呈营养不良的容貌。患儿晚间入睡困难、夜眠不安、易惊醒、多噩梦或有梦魇等。患儿入学后有发作性紧张、恐惧，担心会有可怕的事情发生，焦虑不安，唉声叹气，对家庭、学校不满，抱怨或发脾气，同时拒绝上学，即使勉强到校也很少与同学、老师交往；上课注意力不集中，小动作多，学习成绩偏差。患儿因焦虑、烦躁情绪易与同学发生矛盾和冲突而被排斥，因此不愿上学，常有旷课、逃学现象发生。患儿常伴有恐怖症状、强迫症状，有时演化为学校恐怖症。常见的症状有呼吸急促、胸闷、心慌、头晕、头痛、出汗、恶心、呕吐、腹痛、口干、四肢发冷、腹泻、便秘、尿急、尿频、失眠和多梦等。

（二）青少年神经症症状

随着年龄的增长，很多孩子进入了青春期，有些青少年会有比较多的躁动情绪，很多人都觉得这是一种很正常的现象，但是随着时间的推移，这种情况会越来越严重，这个时候的躁动就很可能已经不再是简简单单的青春期的表现了，很有可能已经发展成为青少年神经症。

青少年神经症的主要症状包括：①迫在眉睫感：患者感觉迫在眉睫，不幸即将到来，所以惶惶不可终日；②自我失控、自我怀疑感：觉得自己对任何事情都拿不准，难以把握，怀疑自己的学习能力，常常犹豫不决、无所适从，感到自我失去控制，伴有强烈的恐惧感；③高度警戒感：好像面临紧急处境，高度警戒、心跳加快、肌肉紧张、对外界事物敏感，尤其害怕噪声，普通强度的谈话或者是脚步声都会让他难以忍受；④过分关注：对自己的身体变化过分关注，容易产生疑病观念，对外人的表情、态度过分关注，容易产生敌对和攻击的现象；因为长时间高度戒备，精神和身体严重耗竭，所以会觉得疲乏；⑤无力挫折感：感到自己在处理任何问题时都无能为力，对自己精神和躯体上的痛苦体验无力改变，凡事穷思竭虑，但是无力改变。

（三）中年期神经症症状

中年是人生最宝贵的时期，同时也是心理压力最大的阶段，持续的心理紧张极容易造成心理上的焦虑疲劳。来自各方面的压力可能引起中年期神经症：①来自家庭的压力：中年人是家庭中的支柱，繁杂的家务、子女的教育、家计的安排使他们疲惫不堪，表现为心绪不宁、乱发脾气、焦躁不安；②来自自身的压力：中年人大多迫不及待地想在事业上有所建树，于是不断地给自己加压，以致身心疲惫不堪。同时，人到中年后健康状况开始下降，如内分泌失调、免疫力下降，许多中年人不能正视身体的各种变化，给自己造成一种无形的心理压力，表现为忧心忡忡、担惊受怕；③来自工作的压力：许多中年人都是工作中的骨干，工作中复杂的人际关系会使人感到情绪紧张、烦躁不安；同时，知识更新节奏加快，要求中年人不断学习新的科学知识，才不会落后于他人。但人到中年，已不可能像年轻时那样精力充沛地学习，心力不济与工作中的紧迫感无形中使得中年人承受着极大的心理压力，从而产生心理疲劳。

（四）老年神经症症状

近年来，老年人逐渐发展成为神经症的高发人群。有些我们觉得很正常的事情，在他们看来却能苦恼半天，以致影响吃饭、睡觉和身体健康。其实这些都是老年神经症的表现。一般而言，老年神经症症状可分为三大类：其一，现实性或客观性焦虑，如对于自身衰老、子女生活、家庭幸福感等多种问题的过度担忧。其二，神经过敏性焦虑，即不仅对特殊的事物或情境发生焦虑性反应，而且对任何情况都可能发生焦虑反应。其三，自我价值感焦虑。有的老年人怕自己的行为不符合自我理想的标准而受到良心的谴责。对于自己无法为社会做出贡献而深感内疚，继而坐立不安、不断自责。

从各方面的研究情况来看，神经症患者最普遍的症状表现为：①情绪的改变：患者最突出的症状是持久的情绪低落，表现为表情阴郁、忧心忡忡、惶惶不安。患者常用"焦灼""紧迫感""迫在眉睫的感觉"之类的词来描述自己的心情。患者经常感到心情压抑，常因小事大发脾气；②躯体症状：也为神经症早期症状特点。约80%的病例有失眠、头痛、身痛、心悸、心慌、胸闷、气短、呼吸急促、口干、尿频、尿急、出汗、震颤、坐卧不安等症状；③认知改变：患者对日常生活活动感觉压力过大，缺乏安全感，对各种娱乐或令人愉快的事情体验不到愉快，常常自卑、自责、内疚，常感到脑子反应迟钝；④意志与行为改变：患者意志活动减弱，很难专心致志地工作，尽管他们可能有远大的理想和抱负，但很少能专心做好。他们想参与社交，但又缺乏社交的勇气和信心。患者处处表现出被动和过分依赖。

四、神经症患者的心理特点

神经症患者大都存在以下一种或几种心理特点。

（一）缺乏自控感

患者常会由于一些轻微的刺激而产生较强的反应，如普通的响声，门口、窗外闪过的人影都会使患者大惊失色，情绪极其不稳定，稍有不顺就会烦躁、生气，甚至勃然大怒。

（二）忧虑担忧心理

对现实生活中的某些问题过分担心或烦恼，总是惶惶不安、忧心忡忡；产生消极自我暗示，神经过敏，呈持续性、弥漫性的焦虑，由此引起身体和心理上的持续不适。

（三）自我评价过低，有自卑倾向

如果患者的自尊感较低，当面对巨大压力与挑战时，自身的价值感和意义感就会受到冲击，焦虑情绪随之产生，使其对自己的"无能"而产生的挫败感到自责和自卑。

（四）生活压力大，有沉重感

患者常感到生活过于沉重，压力相当大，做任何事情都是不得已而为之，不是出于个人的兴趣和意愿，只是为了不被社会淘汰，不被集体排斥。特别是在工作、学习和社会交往中，这种被动的应付决定了不会有很好的效果，而不好的效果又会使患者继而产生焦虑、胆怯心理，使患者在以后的工作、学习和社会交往之前就开始心事重重，产生预期性焦虑，这样就形成了一种恶性循环。

（五）焦灼、紧迫感

患者常有迫在眉睫的感觉，总觉得时间不够用，觉得很多事情都到了不得不做的地步，而自己却又毫无精力、没有能力去完成。心情过度紧张而得不到有效的缓解，休息的时候仍然惦记着要做的事情而不能有效地放松，工作的时候由于过分焦灼而影响个人能力的发挥，从而影响了工作进度。

（六）记忆力下降，效率下降

对于一件很平常、很容易的事情，患者却觉得做起来十分吃力，甚至漏洞百出；本来可以短时间做到并做好的事情，患者往往要耗费很长时间才能完成。

（七）疑患不治之症

由于长时间地沉浸在焦虑或过度紧张的心理体验之中，以及由此给患者带来的工作、学习、生活方面的负面效应，部分患者常常怀疑自己得了某种不治之症，而且就算医生诊断没有病，患者仍然坚信不疑。

（八）不成熟的心理防御

神经症患者在焦虑发作的时候，正是其内心冲突无法继续压抑、有释放的强烈愿望之时，因此会采取投射、抱怨、幻想和分裂的防御方式。

五、长期神经症的后果

神经症这种常见的心理疾病使患者无法克服自己的焦虑，而长期处于焦虑的环境中会给患者带来很大的伤害，有可能会带来一些严重的后果。

（一）失眠

焦虑的人和那些在生活上经历许多压力事件的人更有可能患上失眠。压力和焦虑可能会导致长期的睡眠问题。

（二）增加死亡率

美国一项研究表明：紧张水平高的男性，有大约 25% 患上了心脏病，而且死亡率比正常人高 23%；对于女性而言，高度焦虑的女性的死亡率比正常人高 23%。由此可见，长期患有神经症的危害是非常大的。

（三）增加癌症发生率

精神心理因素虽不能直接致癌，但它往往以一种慢性的、持续性的刺激来影响和降低肌体的免疫力，从而增加癌症的发生率。

第二节　抑郁症

小徐是一名 19 岁的高二学生，因父亲患有精神分裂症，从小觉得自己受歧视。他在小学时听邻居说"这孩子可怜，爸爸是精神病"，即产生见不得人的想法，觉得"世上哪有我这样不幸的人"。进入初中，小徐认为父亲有病是"家丑"，不让他参加家长会。由于小徐学习不好，老师经常罚他，并"封"他为班上"第 2 号呆子"，他非常恨这位老师，同时更感到自卑。初二时，他得了慢性肾炎，休学一年；回校后，成绩仍然很差。小徐的身体一直不好，不能像其他男生那样生龙活虎，渐渐觉得自己离班级、同学越来越远。随着年龄的增长，他看到同学各有所乐，更觉得自己无用，觉得周围的人都看不起他，又认为周围的同学、老师等都是小市民，无法理解自己。他的身体状况也无改善，经常腰酸、背痛、头晕、头痛及乏力，但不愿去医院检查治疗。他从初三起即产生想死的念头，并设想了具体的死法，但没有勇气；进入高中后，一切均无改善，对社会、家庭，对人生、自己极度悲观失望，提不起精神去上学，也不想上学，觉得自己是社会中多余的人，还是死了好。

小徐同学表现出来的症状就是典型的抑郁症。下面为大家介绍一下抑郁症的定义、抑郁症的症状、早期抑郁症的表现特点、抑郁症形成的原因和不同人群的抑郁症表现等内容。

一、抑郁症的定义

抑郁症又称抑郁障碍，是以显著而持久的心境障碍为主要特征的一种心理障碍。病人常有兴趣丧失、自罪感、注意困难、食欲丧失的感受，甚至有死亡或自杀的念头，此外还包括认知功能、语言、行为、睡眠等方面的异常表现。病人常自我怜悯、易激惹、抑郁，但自制力、工作及生活能力不受严重影响，主要是内心体验痛苦。

二、抑郁症的表现

（一）主要症状

抑郁症的主要症状包括情绪低落、兴趣缺乏、精力不足、悲观、诸多抱怨、睡眠不良、食欲下降、女性月经失调、性欲减退和自感能力不足等。

1. 情绪低落

从闷闷不乐、悲观失落到悲痛万分，觉得自己非常失败、一无是处，对前途感到渺茫和绝望，觉得个人的存在毫无价值，充满无望和无用感，对自己缺乏自信心并伴有无助感。

2. 兴趣缺乏

对曾经喜爱的事物或活动失去兴趣，丧失了享乐的能力。

3. 精力不足

感到过度疲乏无力，没有精神，行动迟缓，语调低沉，语速缓慢，有时闭门独处，淡漠亲情，无力学习、工作，不能料理家务，严重者不语、不动、不吃、不喝，甚至终日卧床不起。

（二）心理症候群

1. 焦虑

焦虑常常伴随着抑郁出现，其躯体表现为胸闷、心跳加快和尿频等。

2. 自罪自责

病人自我评价过低，明明学习、工作很好，却对自己事事不满意，因为曾经有过的一些微小的过失和错误而责备自己，认为自己给社会和家庭带来了损失和伤害，使别人遭受了痛苦，认为自己有罪，当受惩罚，甚至常主动去"自首"，这是导致自杀、自残的主要因素。

3. 有自杀观念

有自杀观念和自杀行为的抑郁症病人占到 50% 以上，约有 10%～15% 的病人最终会死于自杀，偶尔出现扩大性自杀和曲线自杀。

4. 精神运动性迟滞或激越

精神运动性迟滞病人在心理上表现为思维发动的迟缓和思流的缓慢，同时会伴有注意力和记忆力的下降。激越病人则与之相反，脑中会反复思考一些没有目的的事情，思维内容无条理，大脑持续处于紧张状态。但是由于无法集中注意力来思考一个中心议题，因此思维效率下降，无法进行创造性思考。

5. 自知力受损

相当一部分抑郁症病人的自知力完整，能够主动求治。但存在明显自杀倾向者的自知力可能有所扭曲，缺乏对自己当前状态的清醒认识，甚至完全失去求治欲望。伴有精神病症状者的自知力不完整，甚至完全丧失了自知力。

（三）躯体症状群

躯体症状群如下。

（1）睡眠紊乱：多为睡眠障碍，如失眠、早醒等。

（2）食欲紊乱：食欲降低或体重明显减轻。

（3）性功能减退。

（4）慢性疼痛：不明原因的头疼或全身疼痛。

（5）晨重夜轻：病人的不适感以清晨最重，在下午和晚间有不同程度的减轻。

（6）非特异性躯体症状：如周身不适、头昏脑涨、心慌气短、胃肠功能紊乱等，无特异性且多变化。

三、抑郁症早期人群的心理特点及表现

（一）抑郁症早期人群的心理特点

抑郁症早期人群是指已经患有抑郁症，但症状比较轻微或不明显，让人不容易察觉的人群。其常常以躯体的不适症状开始，主要表现如下。

（1）一天中的大部分时间都表现为意志消沉，几乎每天如此。这可通过两种方式得到证明，一种是主观表达，如感到空虚、无助、悲伤等；另一种是通过别人的观察，如爱哭泣等。青少年则表现为情绪的莫名急躁和易激惹。

（2）一天中的大部分时间内，对所有的事物明显感觉兴趣不大或者不感兴趣。

（3）没有节食行为体重却明显下降，或体重明显增加（如一个月的体重变化超过5%）。

（4）有失眠或者嗜睡的状况，几乎每天如此。

（5）通过自己的主观表达和别人的感受，确定其情绪表现为激动不安，或者反应迟钝，几乎每天如此。

（6）觉得疲劳或者无精打采，几乎每天如此。

（7）有过多的、不恰当的内疚感，感觉自己一无是处，几乎每天如此，不仅仅是因为生病。

（8）每天思考或集中注意力的能力下降，或者犹豫不决，可通过自己的主观表达和别人的感受得到证明。

（9）总是想到死，对死亡存在恐惧，却反复出现自杀的念头或试图自杀，或有明确的自杀计划。

（二）抑郁症早期人群的表现

抑郁症早期可以使患者在情绪上、个性上、社交上和思想上发生一些改变，归纳如下。

1.抑郁症的早期情绪表现

抑郁症患者早期会出现情绪波动，这是抑郁症的典型特征，如焦虑暴躁、心神不宁、心情沮丧、脑中充塞负面想法等。

2.抑郁症的早期个性表现

抑郁症的早期个性表现从个体的个性特征上能够看出来。容易患抑郁症的人大都有着追求完美的个性特点，干什么事都必须全力以赴，即使能力有限，却仍不断强迫自己，长此以往，会发现自己已经陷入抑郁状态。

3.抑郁症的早期社交表现

抑郁症的早期社交表现从个体的社会交往情况中能够体现出来。抑郁症患者大多不想和人会面。这些人以前都能和其他人正常沟通和接触，在个性上也算是具有亲和力的人，但如今却总是不想见人，包括不想和他人交谈、动不动就暴躁、无法信任亲朋好友、与别人格格不入、把自己的问题归咎于别人、无法与别人相处等。

4.抑郁症的早期思想表现

抑郁症的早期思想表现为思维模式的变化，具体包括讨厌明亮的场所、害怕与人接触、认为自己一无是处、任何事都觉得是自己的责任等。并且，抑郁症患者无法借助运动、聊天、参加活动或听轻快的音乐来排解心中的愁闷，只有和自己目前情绪同质的氛围，才能让患者感到平静安心。

四、抑郁症形成的原因

有调查显示，与抑郁症患者血缘关系越近，患病概率越高。一级亲属患病的概率远高于其他亲属，这与遗传疾病的一般规律相符。一方面，绝大多数专家认为，当一个人同时存在以下多个社会、心理和躯体方面的问题时，脑内会发生某种变化，就出现了抑郁；另一方面，一些环境因素也可能是引发抑郁症的原因。

我们将抑郁症形成的原因总结为：①长期承受较大的心理压力；②人际关系出现问题；③经济问题；④突发的、严重的损失或丧失；⑤悲观厌世；⑥自尊心极强；⑦处理问题的能力有限；⑧酒精或物质滥用；⑨慢性躯体疾病。

五、不同人群的抑郁症特点与表现

（一）儿童抑郁症

儿童抑郁症是指在儿童时期起病的以情绪低落为主要表现的一类精神障碍。儿童抑郁症的识别率低，诊断难度大，临床表现有以下几点。

（1）情绪波动大，行为冲动。成年人抑郁症常见的表现，如体重减轻、食欲下降、睡眠障碍、自卑和自责感等在儿童抑郁症中却不常见，而易激惹、发脾气、离家出走、学习成绩下降和拒绝上学却十分常见。

（2）部分儿童还不能准确表达内心的感受，如愤怒和沮丧等；有些则在表达认知症状时存在困难，如绝望和自卑。

（3）不同的年龄段各有特点：研究发现，3～5岁学龄前儿童的主要表现为明显对游戏失去兴趣，在游戏中还不断有自卑、自责甚至自残的表现；6～8岁儿童主要有躯体化症状，如腹部疼痛、头痛、不舒服等，此外还可能有大声喊叫、痛哭流涕、无法解释的激惹和冲动表现；9～12岁儿童更多地表现为空虚无聊、自信心低下、自责自罪、无助无望、离家出走和恐惧死亡。

（二）青少年抑郁症

青少年多处于敏感的青春期，身体开始发育，心理也开始发生变化，但其世界观和人生观尚不成熟，容易因为外界的事物而产生内心的困扰，如果处理不当，就容易引发心理疾病。许多性格较为内向的青少年在遇到困惑和负面情绪时选择沉默和自己应对，而父母、老师的关怀也不够，长此以往，心理问题得不到有效解决，就容易形成抑郁情绪，甚至发展为抑郁症。此外，家境贫寒的青少年患抑郁症的概率更高。

青少年抑郁症主要表现在以下几方面。

1. 青春期逆反

一些青少年抑郁症患者在童年时对父母的管教言听计从，而到了青春期，不但不跟父母沟通、交流，反而处处与父母对立，一般表现为不整理自己的房间、乱扔衣物、洗脸慢、梳头慢、吃饭慢和不完成作业等；较严重的表现为逃学、夜不归宿、离家出走、要与父母一刀两断等。

2. 身体不适

青少年抑郁症患者一般年龄较小，不会表达情感问题，只说身体上的某些不适，如头痛、呼吸困难、吞咽困难等。他们的症状似乎很重，呈慢性化态势或反复发作，但做了诸多医学检查，也没有查出原因。

3. 情绪低落

很多青少年抑郁症患者在面对已达到的目标和实现的愿望时并无喜悦之情，反而感到忧伤和痛苦，如考上名牌大学却愁眉苦脸，心事重重，想打退堂鼓；学习期间，经常无故往家跑，想休学、退学。

4. 不良暗示

不良暗示主要表现在两个方面：一方面是潜意识层的，可能会导致生理障碍，如患者一到学校门口、教室里，就感觉头晕、恶心、腹痛、肢体无力等，当离开这个特定环境，回到家中，一切又都恢复正常；另一方面是意识层的，负面情绪较多，如认为自己不会与人交往，无法考出理想成绩，自己的一些行为和做法给别人造成了麻烦，自己的病可能是"精神病"等。

5. 适应不良

有些青少年抑郁症患者可能在学校发生过一些矛盾，或者根本就没什么原因，便感到压力重重，经常心烦意乱、郁郁寡欢，不能安心学习，想脱离现有生活环境。当真的到了一个新的环境，患者的状态却没有得到好转，反而会另有理由和借口，还是认为环境不尽如人意，反复要求改变。

6. 自杀行为

重症患者会利用各种方式自杀。对自杀未果者，抢救了生命之后，还应对其进行抗抑郁药物治疗（包括心理治疗），否则患者仍会重复自杀。因为这类自杀是被疾病因素左右的。

（三）中年抑郁症

中年人群的抑郁症多为更年期抑郁症，它是一种发生在更年期的常见精神障碍。更年期抑郁症患者常有某些躯体或精神因素作为诱因，常常发生生理和心理方面的改变。

更年期抑郁症临床上女性较为常见，据报道，女性进入更年期后，约有 46% 的人患有抑郁症，明显高于其他年龄段。

1. 女性更年期抑郁症的主要原因

（1）妇女进入更年期后，生理上会发生一些变化，如卵巢开始萎缩、绝经、雌激素分泌锐减，还会出现烦躁、易激动、潮热等更年期综合征的症状，患者会焦虑不安、情绪波动大。若不能及时调整心态、正确对待，长期发展下去就会形成抑郁症。

（2）绝经后妇女性欲减退甚至无性要求，使夫妻生活发生改变，容易使夫妻双方关系出现裂痕，增加女性的心理负担，长期下去就会导致女性更年期抑郁症的发生。

（3）更年期妇女有的在单位是领导，是业务骨干，而现在却临近退休或受到下岗的威胁，心理存在多种顾虑。她们退休后就会产生孤独感，进而产生忧郁。下岗职工的心理压力更大，下岗后经济收入难以保障，社会地位有所降低，这些因素困扰着她们，都可能成为引发女性更年期抑郁症的原因。

（4）一些妇女进入更年期后，不主动参加社会活动，又不去开拓新生活、享受生活乐趣，而是整天闭门自思、闷闷不乐，久而久之便产生精神忧郁。

（5）离开久居的地方，迁居到陌生的环境，不能适应新的生活环境；随儿女的新家庭成员一起生活或丧偶独自生活，也是引发女性更年期抑郁症的原因。

2. 女性更年期抑郁症的主要表现

（1）躯体症状：面容憔悴苍老、目光迟滞、体质下降、汗液和唾液分泌减少、便秘、性欲减退、有睡眠障碍，如早醒，病人往往较以前早醒 2～3 小时，醒后不能再入睡，只能充满悲观情绪地等待新一天的到来。

（2）思维缓慢、应答迟钝、言行有困难、很少说话、语速慢、语音低，最严重时，可呈木僵状态。而一些激越型抑郁症病人的言语、动作都明显增加，焦虑恐惧，甚至激动自伤，危险性很大。

（3）动作减少、行动缓慢。少数抑郁状态严重者沉默不语，卧床不动，又称为抑郁性木僵状态。抑郁症病人最危险的症状是自杀企图和行为，可能出现在症状严重期，也可能出现在早期或好转期。病人往往有严密的计划，谨慎行动以逃避医护人员的注意，因而往往自杀成功。

（4）情绪低落，在短时间内表现为体验能力减退，无精打采，对一切事物都不感兴趣。此外，沉重的情绪抑郁总是让人自责自罪，病人感到自己已丧失了各种能力，成为废物或社会的寄生虫。

（四）老年抑郁症

老年抑郁症是常见的老年人心理疾病，抑郁是长期情绪低落的结果，老年人抑郁的后果是极其严重的，甚至有可能危及生命。老年抑郁症很容易引发心肌梗死、高血压、冠心病和癌症等躯体疾病，抑郁症还有可能造成自杀。老年抑郁症可以单独发生，也可以继发于各种躯体疾病，如高血压、冠心病、糖尿病和各种癌症等。一些患者的起病原因是家庭刺激，也有许多患者没有明显病因。老年期是人生的一个特殊时期，由于生理、心理的巨大变化，老年人对生活的适应能力开始减弱，内心也容易变得脆弱，任何应激状态都容易引起抑郁等心理障碍。有时老年抑郁症患者合并焦虑情绪，经常心烦，对身边的人发脾气，子女唯恐避之不及，结果又恶化了患者的情绪。老年抑郁症患者几乎无一例外地诉说各种身体不适，如头痛、头晕、食欲降低、体重下降、胸闷、疲惫无力、尿急、尿频等。

老年抑郁症的症状表现如下。

1. 健忘

老年抑郁症患者可能出现与老年痴呆症相似的健忘问题，但痴呆症患者是真的忘记了一切，而抑郁症患者只是坚信自己已忘记，而事实上未必真的忘记。

2. 失落感

老年抑郁症是指一种持续的抑郁情绪，这种情绪会同时产生一连串的生理上的不适反应，包括失眠、食欲减退、体重减轻、长期感到疲倦及失去体验快乐的能力等。患者感受不到生活的乐趣，并经常有不同程度的疼痛感，如头疼、背痛及腹痛，专注力也大幅度下降等。

3. 自责感

在抑郁情绪的支配下，病人往往自我贬低、自责自怨。他们认为自己什么都没做好，谁都对不起。他们会把小事夸大成不可饶恕的错误，内心还不断责备自己，甚至有的人认为只有死亡才能补偿。

4. 自卑感

病人认为别人都看不起他、厌恶他、鄙视他，偶尔也表现出疑心重重。但这种疑心与精神分裂症病人的疑心不同，它是原发于情绪障碍的，是由于情绪低落而产生的。

5. 情绪激动

有的病人可表现为焦虑烦躁、激动不安，会长吁短叹或捶胸顿足；有的病人则很容易受外界刺激而发脾气。

6. 思维缓慢

病人时常感到脑子反应迟钝，甚至连很简单的问题都难以解决，因而学习、工作效率明显降低。因此，病人往往认为自己不中用了，更增加了自卑和自责。

7. 精神方面

病人性格变得孤僻、意志消沉、沉默寡言、动作迟缓、不愿活动。

8. 思维方面

病人思维内容贫乏、迟缓；悲观失落、焦虑不安；紧张、绝望，甚至觉得活着没意思、厌世，从而产生自杀的念头。

9. 情绪方面

病人终日情绪低落、哀伤、有空虚感，觉得做什么都没兴趣，坐卧不安；对人际关系冷淡，失去原来的爱好，脑力和体力下降。

10. 躯体症状

病人无精打采、浑身乏力、头痛头晕、肢麻失眠、食欲减退、消化不良；便秘、阳痿、性欲减退；胸闷、喉紧、胃痛，自疑患有多种疾病，常呻吟或叹气等。

老年抑郁症是老年人的多发病，但早期常被误诊为神经衰弱等病，故在开始发病时，应尽早诊治，争取治愈。

第三节　酒精滥用

无证驾驶、醉驾、连环撞车，这一连串的疯狂举动都发生在一个名叫阿海的男子身上。阿海随后就被拘留了，然而在拘留所里，没有酒喝的阿海更加疯狂，连床板都啃了。事发后，阿海的家人赶到拘留所，他们说，阿海有个毛病，不喝酒精神就不正常。阿海是某物业公司的一名搬运工。元宵节那天，阿海在家里喝了点儿酒，随后接到公司的电话，让他随车去送货。开车的是司机小陈，当天中午他没有吃饭，他将车开到饭店门口，便下车去吃午饭。下车时，他没有拔钥匙。但是等他吃完饭出来时，却发现阿海连同车子一起不见了。再往前一看，自己的小货车就在不远处，撞到了树上。原来，小陈走后，车中的阿海酒劲儿上来了，坐到了驾驶座上，发动了汽车。阿海边开车边哼起了小调，还没开出 50 米，他恍惚中看到一个行人从车前走过，他心里一慌，向右猛打方向盘，不料撞到一辆迎面开来的车，随后又撞了停在路边的 3 辆小汽车。最后，阿海撞到了路边的树上。此时，阿海酒醒了，试图下车，不料驾驶室的门被树卡住了。民警赶到现场后，把阿海从车上弄了下来，闻到他浑身的酒味，便把他带到医院进行鉴定，发现他是醉酒驾车。另外，民警发现，阿海没有驾照，于是他被当场拘留了。至于为什么这样做，阿海说："我只是很久没开车了，就想开车过过瘾。"原来，阿海是个老酒鬼，15 年前便开始喝白酒，后来只要见到酒就要喝。阿海喝酒还有个习惯，就是早上一定要喝酒，如果不喝，就全身无力，甚至产生幻觉。阿海的这个习惯严重影响了他的工作和生活，家人也想过要让他戒酒，但始终没有成功。

阿海的案例体现了酒精滥用早期人群的一些特点，接下来我们为大家介绍酒精滥用的概念、酒精滥用的临床表现、酒精滥用早期人群的心理特点、不同人群酒精滥用的心理特点和酒精滥用的危害等内容。

一、酒精滥用的概念

滥用即有害使用，是指一种不正当的使用物质方式。成瘾物质滥用与依赖有相似之处，但成瘾物质滥用强调的是不管场合和时间，也不顾后果地使用成瘾物质。

酒精滥用的定义是不良的酒精使用导致具有临床重要意义的损害或不适，表现为在 1～2 个月的时间内出现一次或多于一次的以下症状。

（1）反复饮酒导致无法履行社会义务。

（2）在身体状况很差的情况下反复饮酒。

（3）反复违反与饮酒相关的法律。

尽管存在因反复或持续饮酒导致的社会或人际问题，但病人仍继续饮酒。一般而言，一个人过度使用酒精而无法自我节制，导致认知上、行为上、身体上、社会功能或人际关系上的障碍或损伤，且明知故犯，无法克制，就已经达到"酒精滥用"的程度。

二、酒精滥用的行为表现

（一）饮酒的强迫感

无法抵抗酒的诱惑，一旦开始饮酒就很难停止，一旦戒酒就立即产生对酒的渴望。

（二）固定的饮酒模式

普通饮酒者一般都有很大的随意性，而酒精滥用者的饮酒间隔往往比较规律，表现为对酒的强烈渴求，这种渴求的程度随饮酒时间的增长而越来越高。为了满足渴求心理，免除戒断现象出现，会出现四处找酒喝的行为。

（三）超越一切的饮酒需要

对于一个酒精滥用者，得到酒是高于一切的头等大事，饮酒成为一切活动的中心。为此，他可以置健康、家庭、职业及生命于不顾。

（四）耐受量增加

酒精滥用者的血液酒精水平的变化对他们影响不大，这一点是普通饮酒者所不具备的。增加耐受量是增加依赖的重要标志。为了达到初期饮酒的良好体验，他们的饮酒量在逐渐增大。但依赖形成后期耐受量反而下降，随中毒程度的加深和年龄的增大，饮酒量又逐渐减少，即使少量饮酒也会导致身体损害。

（五）重复出现的戒断症状

戒断症状多出现在数年严重饮酒和某一时期持续数周大量饮酒的人身上，其症状伴随血液酒精浓度的下降而出现，特别是早晨起来时的戒断症状尤为明显。其早期表现为焦虑不安、抑郁、出汗、烦躁易怒、恶心、呕吐、发冷、心慌、失眠多梦；后期会出现震颤、幻觉、妄想、意识障碍、癫痫发作等。

（六）酒精性谵妄症

酒精性谵妄症又称震颤性谵妄症，是在长期饮酒而突然停饮或减少饮酒量之后出现的一种短暂的中毒性意识障碍状态，常伴有肢体震颤或抽搐，也可有发热、心率加快等自主神经功能亢进症状，如不及时处理，可危及生命。

酒精性谵妄症多为急性发病，常在夜间发生。有些患者在发作前数日或数周可出现睡眠障碍、情绪低落、焦虑不安等前驱症状。如果对前驱谵妄进行及时处理，可避免严重谵妄的发作。谵妄持续时间不等，一般为 2～5 天，谵妄可被看作严重酒精中毒的标志及必须治疗的信号。

（七）酒精性幻觉症

酒精性幻觉症是长期饮酒引起的幻觉状态，大多在突然停饮或显著减少酒量之后 48 小时内发生，也可在继续饮酒的情况下出现。其不伴有意识障碍、精神运动性兴奋或植物神经功能亢进，多为幻听或幻视，可继发妄想以及相应的情绪障碍和冲动行为，病程可短至数小时、数天或数周，但不超过 6 个月。

临床症状：在意识清楚的情况下，出现具有侮辱性、威胁性幻觉，患者常显现出焦虑不宁，以幻听最为常见，在此基础上产生被害妄想，有时会突然去找"暗害他的人"，或在恐怖性幻视中出现自伤、他伤行为。本症状持续时间长短不一，停饮后可逐渐好转，但有人则出现痴呆症状。

（八）酒精性妄想症

酒精性妄想症是因长期饮酒引起的妄想症状，表现为在意识清晰的状态下，出现嫉妒妄想或被害妄想，常伴有相应的情感反应和行为，起病较慢，病程迁延。

临床症状：慢性酒中毒者的性功能障碍可导致少数患者对其配偶产生猜疑（病理性嫉妒妄想），他们的信念没有充分事实根据，也不可理喻，病人常常为此多方寻找证据，如在他回家时发现妻子的头发不整、衣服纽扣未扣好等，都是妻子与别人"发生关系"的证据，逼迫配偶承认，否则加以打骂。嫉妒妄想可使病人做出犯法的行为。如病情不重，长期戒酒可恢复；否则即使妄想消失，也会形成酒中毒性痴呆症。

（九）酒中毒性脑病

酒中毒性脑病是长期或大量饮酒引起的严重脑器质性综合征，临床以谵妄、记忆力缺损、痴呆和人格改变为主要特征，大部分患者不能完全恢复正常。

1. 柯萨可夫精神病

柯萨可夫精神病又称柯萨可夫综合征，起病缓慢，常在一次或多次震颤性谵妄发作后发生，其特点是识记能力障碍、时间定向力障碍、虚构症、顺行性或逆行性遗忘。

2. 酒中毒性痴呆

酒中毒性痴呆起病缓慢，有严重的人格改变、记忆力减退、痴呆。

三、酒精滥用早期人群的心理特点

（一）精神依赖性

精神依赖是酒精滥用的基础。精神依赖性俗称"心瘾"，指个体对酒存在渴求心理。

精神依赖程度有所不同，有些酒精滥用患者的精神依赖性较为强烈，难以自制地渴求饮酒；有些则精神依赖性较弱。

（二）人格障碍

酒精滥用早期人群对人际关系较为敏感，敌对关系强烈，心理防御机制应用不良，容易产生人格障碍。其在个性方面表现为依赖性强、固执多疑、爱慕虚荣、希望得到他人关注、性格不坚强、极易造成颓废等，且具有神经质倾向；在社会支持方面处于保守被动状态，无创造性、无进取心。

（三）焦虑

焦虑情绪常常会促进大量饮酒。酒精滥用者常缺乏安定感、自控感，会因轻微的刺激而产生强烈的反应。

（四）精神障碍

酒精滥用可能产生部分精神障碍，如日渐加重的压力感、严重的抑郁症状、行为障碍、幻觉、妄想、恐慌心理，甚至发生双向精神障碍等。酒精滥用还可能导致心境失调、破坏行为等症状。在这些病理精神状态下，个体很可能将自杀作为处理自认为不能克服的难题或情感冲突的一种逃避手段。

四、不同人群酒精滥用的心理特点

（一）青少年酒精滥用

近年来，随着生活水平的提高，青少年酒精滥用状况也日趋严重。青少年酒精滥用的高危险群体的主要特征包括：平日有情绪困扰，低自尊和低自信；挫折忍受力较低，意志力不坚定；支持系统较差，家庭成员和周遭经常接触的朋友有酒精滥用情况；行为异常、有人格障碍症或患有精神疾病。

青少年酒精滥用的表现有：生活作息不规律，学业表现变差，逃学、逃课或上课不专心；自尊与自信均降低，常常将自己关在房间内或身上常有特殊的味道，生活懒散、消极、被动，食欲改变，出现睡眠障碍，注意力无法集中，精神恍惚，个人的卫生习惯变差；容易发脾气、情绪不稳定、多变，经常表现出忧郁、沮丧、焦虑、坐立不安、躁动；经常逃避责任和不负责任，人际关系变差，对人的态度经常不佳，与家人的关系日渐疏远；体能状况日渐变差，容易罹患一些身体疾病，抵抗力差；衣着、装扮夸张，常和不良少年、不务正业的人在一起，花钱开销大增，有时甚至出现偷窃、抢夺等违反校规或法律的行为等。

青少年酒精滥用有其独特的心理特点，具体如下。

1.模仿

自身原因：一些青少年自身素质不高，抵御能力差。由于不正确的世界观、人生观和价值观，游手好闲、好逸恶劳、无事生非的不良嗜好和品行，自身性格的缺陷，幼稚的心理，自身生活的需要、人格尊严得不到满足，法治观念的缺乏，等等，一旦受到外界因素的影响、刺激，非常容易形成酒精滥用行为。

家庭原因：①父母文化程度不高，子女出现酒精滥用的情况时，往往棍棒相加，缺乏耐心细致的说服教育；②对于子女长时间养成的酒精滥用的不良习性，父母管不了，因为没有从早期教育入手，管得晚了；③父母对子女丧失信心，不愿管，顺其自然，放任自流；④父母离异后，无暇顾及孩子，孩子无人管，使之浪迹社会；⑤父母自身的酒精滥用行为直接影响了孩子，使之效仿父母，酒醉成瘾。

学校原因：①片面追求升学率的指导思想。现在一些学校仍然存在着片面追求升学率的情况。学校有快、慢班之分，学习好的学生往往受到青睐，好学生一旦考试落榜，则感到前途无望、万念俱灰；差学生则破罐子破摔、厌学、辍学。他们一旦流向社会，若受到酒精不良因素的诱发和影响，极易发生酒精滥用行为；②思想教育方法不符合学生的心理需求或者流于形式。相当一部分学生不知道什么是对的、什么是错的，缺乏普通的自我监督常识，不晓得、不懂，更谈不上遵守常识法规。

社会原因：目前，在文化市场上，充斥着大量的酒精广告，这对青少年造成了严重的负面影响。同时，社会上的一些灰色地带，如一些酒吧的不良诱导也使得青少年出现酒精滥用行为。

2.从众心理

人的心理发展有两个重要的特征，一是社会制约性，二是自觉能动性。人的心理发展要受社会生活环境的影响，离开了人类社会的影响和教育，就难以形成正常人的心态。于是，在社会群体的影响或压力下，我们个体的认知或行为总趋于与多数人取得一致。由于知识和阅历的限制，青少年的思想还不成熟，也最易从众，易受他人影响而产生酒精滥用行为。

3.渴望表现独立性

随着年龄的增长，青少年与社会的交往越来越广泛。他们渴望独立的愿望日益变得强烈，与家庭的关系逐渐疏远，对父母的权威产生怀疑，甚至发生反抗行为。他们想要摆脱家长和其他成人的监护，摆脱由这些成年人规定的各种形式的束缚。此时，若受到外界不良行为的诱导，极易发生酒精滥用行为。

（二）中、老年酒精滥用

随着社会经济和医疗保健的进步和发展，人口老龄化已成为一个重要的世界性社会问题，社区调查也普遍显示中、老年人有酒精滥用的现象。中、老年酒精滥用的高危险群体的特点为：平日性情懒散、依赖性强、性格不坚强；长期苦闷、紧张、焦虑和抑郁，常有悲观、精神空虚、生活枯燥等不良情绪；现实生活压力大、沉重感强、人际关系紧张以及患有人格障碍症或精神疾病。

中、老年酒精滥用者常表现出：态度悲观，容易发脾气，情绪不稳定；失去生活目标，工作效率明显降低，毫无进取心和责任感，缺少行为动力；突然沉默寡言，人际关系变差，对他人缺乏热情，冷漠、悲观、厌世等。

中、老年酒精滥用者也有其独特的心理特点，具体如下。

1. 被动

中、老年酒精滥用者往往用消极的、恶劣的、隐蔽的方式发泄自己的不满情绪，以此来"攻击"令他不满意的人或事。患者不能用恰当的、有益的方式表达自己的不愉快的情感体验，尽管他们知道该如何与别人沟通，但是却极不愿意去做，而是采取只有他自己才清楚的、将事情越弄越糟的"宣泄"方式——饮酒来获得某些心理平衡。

2. 依赖

中、老年酒精滥用者没有自信、意志较弱，需要依赖外界的人与物的帮助来证实自己的价值；缺乏进取心、责任感，缺少正确的人生观、价值观，有强烈的自卑感，遇到挫折极易退缩，依赖大量的饮酒来麻痹自己，使自己摆脱现实世界中的孤独感、异化感、疏离感。

3. 自我中心

中、老年酒精滥用者尤其是男性酒精滥用者往往是强烈的自我中心主义者。凡事都只希望满足自己的欲望，要求人人为己，却置别人的需求于不顾，不愿为别人做半点牺牲，不关心他人痛痒，自私自利，损人利己；要求所有的人都以他们为中心，恨不得让地球围绕他们的意愿转、服从于他们。

五、酒精滥用的危害

（一）对胃肠功能的损害

长期大量饮酒可引起胃肠功能紊乱，出现恶心、呕吐等症状，还可引起反流性食管炎、急性胃炎、胃溃疡、急性胰腺炎、慢性胰腺炎，以及口腔、咽喉和消化道的恶性肿瘤。此外，还可引起酒精性脂肪肝、酒精性肝炎、酒精性肝硬化等疾病。

（二）对循环系统的损害

长期大量饮酒易出现酒精性心肌炎、心肌梗死、心律失常、心力衰竭、高血压、血脂异常、高脂血症、动脉粥样硬化、脑血栓、脑出血。长期大量饮用啤酒还可引起心肌肥大等。

（三）对神经系统的损害

长期大量饮酒会使脑细胞受损，导致头脑不清、反应迟钝、注意力涣散、近事记忆力减退、判断力下降，还可抑制中枢神经系统引起脑硬化，诱发脑卒中、中毒性脑萎缩等。

（四）对代谢的损害

长期大量饮酒会使机体的代谢紊乱，抗毒能力降低，增强某药物、毒物的毒性。

（五）对呼吸系统的损害

长期大量饮酒会使呼吸道防御功能降低。支气管扩张的病人在饮酒后，由于酒精的刺激，病灶部位的血管迅速扩张，可引起大咯血，使病情加重，出现危险。

（六）对生殖细胞的损害

酒精滥用会使生殖细胞受损，受损害的生殖细胞如果受孕，就会影响胎儿的发育，引起流产或致胎儿畸形，有的还会导致胎儿出生后智力低下。

（七）对感觉器官的损害

酒精滥用对皮肤、眼、耳、鼻等都有不同程度的损害，使其感觉迟钝，还可使眼底血管受损、视力减退。

（八）对心理健康的损害

酒精滥用还可导致人格改变，如自我中心倾向增强，义务感、责任感、道德感降低，对家庭缺少关心照料，很少顾及亲属和家庭，对工作疏懒、不负责任、玩忽职守；还可由于性功能障碍（阳痿、早泄等）导致夫妻关系紧张或破裂，甚至有的患者产生对性对象的嫉妒心理或嫉妒妄想。过分饮酒者还会出现焦虑或抑郁状态。

（九）对社会的危害

饮酒与暴力犯罪，如人身攻击、强奸儿童、虐待、凶杀等有较多关联性。酒精相关问题也会带来经济上的损失。

第三章　大学生心理危机干预

随着人类社会的飞速发展，各种错综复杂的原因引起的地震、海啸、洪水、干旱等事件频发，而世界各地政治、经济、文化、文明的差异又引发了战争、恐怖袭击和宗教冲突等人为灾难。灾难后的危机干预问题已经成为全世界共同关注的重大课题。对于灾难中人们的求助，心理学家应迅速做出判断，并为求助者提供及时的心理治疗，帮助他们走出心理上的困境。危机干预在国外已经有了很大的发展，已成为自杀企图者和遭受严重心理创伤者的一种有效的心理干预方法。美国和日本这两个危机高发国家在该领域有着十分丰富的经验，而我国在危机干预方面的研究是近些年才开始的。

第一节　心理危机干预理论

一、危机概述

（一）危机的概念

危机是指当事人无法利用当下的资源及惯常应对机制处理的事件或者遭遇。危机一般是突发的、出乎人们预料的，如果得不到及时的控制和解决，当事人将会面临严重的情感、认知和行为上的功能障碍，甚至导致社会的混乱。

卡普兰认为，每个人都在试图保持一种内心的稳定状态，保持自身与环境的平衡、协调，当遇到重大问题使人们觉得难以解决时，就会出现无所适从乃至思维和行为的紊乱，随即进入失去平衡的危机状态。

（二）危机的特征

危机通常有以下几大特征。

1.危机的意外性

危机爆发的具体时间、规模、态势和影响程度都是始料未及的。危机的爆发往往在人们的意料之外，正是由于危机的意外性特点，使得大家在危机面前常常惊慌失措、自乱阵脚，不能及时有效地制止危机。除了自然因素引起的地震、洪水等不可控危机，人为引起的危机爆发前一般会有一些征兆。但是由于人为的疏忽，常常会对那些征兆视而不见。

2. 危机的破坏性

由于危机具有意外性的特点，不论什么规模和程度的危机，都必然给人们带来或多或少的破坏力，造成混乱和恐慌，并且由于决策时间和掌握信息的局限，往往会导致决策失误，加上一系列的连带效应，扩大了事态，进而会带来更大的损失。

3. 危机的迫切性

一般来说，危机一旦发生，其破坏性的能量就会被迅速释放，如果不能及时控制，危机就会急速恶化，并造成进一步的损失。对于危机的处理，人们做出正确的决策的时间是很有限的，必须迅速做出反应，选择某一措施来应对这些危机和挑战，这是对决策者的严峻考验。如果当事人不做任何选择来应对危机带来的破坏，这则是一种消极的选择。

4. 危机的聚焦性

进入信息时代，危机的信息传播比危机本身的发展要快得多，而新闻媒体，特别是互联网的发展对危机来说，信息的传播渠道呈现高速化、多样化和全球化的特点。各种媒体对危机报道的内容和态度将会直接影响社会公众对待危机的看法。

5. 危机的双面性

我们把"危机"分解开来，即是"危险"和"机会"。如果危机过于严重，一些人采用不适当的方法来应对和解决，就会导致他们心理失衡乃至精神崩溃。虽然经过强有力的外部帮助，成功渡过了危机，但在今后的生活中，危机的不良后果还会不时地表现出来，从而影响他们的一生，这就是危险。

如果在危机状况下，一些人通过自身的努力和别人的帮助，进行了合适的治疗性干预，从而在危机中获得了经验、发展壮大了自我，不但重新获得了心理平衡，成功渡过了危机，还能得到心理上进一步的成熟和发展，这就是机会。

（三）危机的转移和结局

危机都是有时限性的，危机反应一般会在持续6~8周后趋于消失，而在这6~8周时间内发生的所有事情将会决定这次危机的走向和结局。

危机转移状态是指当个体相信危机已经结束，经过数月到数年，一个新的刺激又会将个体带回危机状态。如果行为个体在经历一个危机转移状态后，既不能认知产生危机的根源，也不能从中得到启示、获得成长，那么新的境遇刺激可能会使危机转移状态多次发生在行为个体上。让求助者转移危机状态，并不是让状态体回到危机发生时的病理状态，而是让求助者在危机转移的经历中能够学到看待问题的新视角，逐步引导其回到心理平衡状态，以避免危机的再次发生。

由于危机的不同，处理的方法也不同，加上每个人的自身特点，危机的转移结果也不尽相同，一般有以下三种结局。

（1）未能渡过危机，心理和生理崩溃，出现了严重的心理障碍，甚至导致精神疾病、自杀。

（2）暂时渡过了危机，但没有真正解决好，留下了心理创伤，在新的境遇刺激等条件下危机会再次浮现。

（3）有效地应对了危机，并从中得到经验、获得成长，学会了处理危机的方法，达到了稳定的心理平衡状态。

二、危机干预

（一）危机干预的概念

危机干预是指一种通过调动处于危机中的个体的自身潜能来重新达到心理平衡状态的心理咨询和治疗的技术。危机干预属于广义的心理治疗范畴，是紧急的心理治疗，是为解决当事人的困境而发展起来的，恢复其心理平衡，使其安全渡过危机，一般不涉及当事人的人格塑造。目前，危机干预已经日益成为临床心理服务的一个重要分支。

（二）危机干预的模式

危机干预有四种基本模式：平衡模式、认知模式、心理社会转换模式，加之由这三种基本模式演变而来的综合模式。这四种模式为危机干预的不同策略提供了理论基础。

1. 平衡模式

平衡模式认为，危机状态中的人们通常处于一种心理失衡的状态，而原有的资源及惯常应对机制无法满足他们当前的需要。平衡模式把稳定受害者的情绪作为危机干预的工作重点，并帮助他们重新获得心理平衡状态。这种模式是最纯粹的危机干预模式，适合对危机的起始期进行干预。

2. 认知模式

认知模式认为，危机源于对事件和围绕事件境遇的错误思维，而不是事件本身或和事件有关的事实。该模式通过改变人们的思维方式，帮助人们认识到自己认知中的非理性和自我否定成分，并重新获得认知中的理性和自我肯定成分，从而控制住危机。认知模式适合于危机进程的中后期，危机状态基本稳定，并逐渐接近心理平衡状态的求助者。

3. 心理社会转换模式

心理社会转换模式认为，分析求助者的危机状态不仅要考虑个人的心理和生理情况，还要了解其生活的社会环境。心理社会转换模式通过与求助者的合作，测定与危机有关的内、外部原因，从而选择合适的内部应对方式、社会环境支持以帮助他们解决危机。心理社会转换模式适合已经稳定下来的求助者。

4.综合模式

综合模式是将前三种基本干预模式根据求助者不同阶段的特性进行整合，形成综合性的模式。同时综合模式对掌握的所有资源和各种干预系统进行大整合，形成全面、综合的新体系。从各种危机干预的案例来看，要帮助人们渡过危机，需要采取综合模式，将三种模式进行整合，针对不同的需求和对象，选择最有效的干预模式。

（三）危机干预工作者

早期的危机干预工作主要是由一些志愿者来进行的，他们很多都是危机的受害者或被影响的人。但是，危机干预中存在非常复杂的问题，这些都是没有多少专业知识的志愿者所不能解决的。危机干预需要具有专业知识的人来参与，而受过专门训练的心理咨询师的出现，逐渐让危机干预从盲目迈向成熟。

心理咨询师不仅应具备基本的职业素质，而且还应具备特殊的专业素质，如沉着、镇定、灵活性、适应能力、充沛的精力、反应能力、成长潜能和换位思考等能力。此外，心理咨询师还要掌握有关危机干预的技术，如评估、倾听以及采取必要的危机干预措施。

（四）危机干预的起源和发展

1.危机干预的起源

危机干预经历了200多年的历史，尤其是20世纪40年代以来，心理社会工作者和理论研究者致力于危机与危机干预理论的研究，使危机干预得到了重大的发展。他们在历次重大危机事件后，给受害者带来了一般社会救援不能解决的心理援助，使他们在绝望中鼓起勇气，渡过一生中最艰难的时刻。

美国的林德曼在对火灾后急性悲伤情绪进行研究后，于1944年提出了对危机状态要尽快给予心理援助。他认为，这些人的悲伤是暂时的，可以通过短期治疗进行恢复，这是最早的系统理论。

10年后，心理学家卡普兰把林德曼的理论发展到所有发展性和境遇性事件，将危机干预扩展到促发心理创伤的认知、情绪和行为问题，并认为个体和环境处于一种动态的平衡状态。

2.危机干预的发展

危机干预理论在20世纪60年代的发展主要是在社会工作领域。泰赫斯特是最先将研究焦点放在创伤事件的研究者，他主张对于创伤进行立即性干预，不同的干预阶段实施不同的干预方法，干预重点是提升求助者的社会工作支持网络。

20世纪70年代，危机干预咨询已经在许多国家迅速发展起来，并发展成积极预防性干预，在处理社会心理保健方面发挥着积极的作用。危机干预已逐步成为自杀企图者和受到严重心理创伤者的一种有效的社会干预方法，目的是在尽可能短的时间内采用有效应对措施，帮助人们恢复平衡的心理状态。

20世纪80年代以来，尤其是到了21世纪，危机干预已经形成了国际性合作。危机干预的新兴理论即生态系统理论，已将全世界的社会文化和环境纳入其中。我们在先前提到的那些生态系统危机，任何一次危机，都会由世界各地的心理专家和组织为受害者提供心理救助。而危机不仅会造成巨大数量的直接受害者，而且也会造成更大数量的潜在受害者。

未来的危机干预已经将重点放在预防性干预上，也就是说尽可能将各种灾难，特别是人为突发事件防患于未然。

3. 危机干预在我国的发展

新中国成立以来，我国多次遇到各种各样的突发事件，我们在物资储备、医疗救助和卫生防疫等方面的救灾体系比较成熟，能在灾难后给受灾人民很有力的生理需求保障。但是，我们对灾难给人们带来的负面心理影响却一直没有给予足够的重视，直到近些年来我国加大了在危机干预方面的研究，情况才有所好转，目前亦尚处于发展的起步阶段。

当前，我国的危机干预工作主要是由精神卫生专业的人员来从事的，但作为一个特殊的行业，其常常不被重视。随着近年来突发的几个公共卫生事件，危机干预才有了一定的发展。

在2003年对SARS处理的初期，由于没有精神危机干预的参与，SARS患者出现了一系列的心理问题，广大群众也普遍出现了恐慌情绪。在这种情况下，国家果断地对SARS患者增加了心理、精神药物的干预，同时通过各级各种媒体宣传心理健康知识，对整个社会起到了积极的稳定作用。

从对SARS患者的救治工作中，暴露出我国在危机干预中的一些亟须解决的问题。

（1）改变管理模式。目前，我国从事心理危机干预的人员几乎都来自各个心理医疗机构，在应对突发事件时，缺乏统一管理体系，难以快捷、高效地集中所有资源进行危机干预。而心理卫生是公共卫生事业的重要组成部分，只有归属于疾病预防和控制的管理机构进行统一管理，才能更好地应对突发危机事件。

（2）改变现有预警机制。当前，我国灾难后危机干预大多是在出现问题后被动参与进来的，而主动干预的少。其主要原因就是没有把心理危机干预纳入救灾预警机制，导致心理治疗与生理救灾不能同步进行。因此，我们必须加快心理危机干预服务机构的建设，建立灾后心理预警机制，同时争取在心理干预方面尽快立法。现在，国内各个社会团体提供的心理救援越来越多，心理危机干预的领域也越来越广泛，这些都为构建心理危机干预预警机制打下了良好的基础。

（3）加快危机干预人才队伍建设。我国在心理干预方面的专业人才十分匮乏，而且人才质量还不高、经验也不足，从而给防治工作带来不小的麻烦。因此，迅速组建包括心理危机干预专家储备库、心理危机干预机动队、志愿者等在内的突发公共事件心理危机干预队伍是加强心理危机干预管理的核心内容。

2008年的汶川地震后第三天，中科院心理所在四川震区成立了心理危机干预中心，帮助灾区人民进行心理调节。同时，四川、北京、浙江和上海的心理危机干预中心也派小组于第一时间奔赴现场，开展心理救援，效果极佳。

在 2010 年的玉树地震、2013 年的芦山地震中，我们很欣慰地看到越来越多的危机干预小组深入灾区帮助灾民缓解灾后心理压力，而当地的心理危机干预救援人员也得到了最快的培训，就地迅速投入心理危机救援中。

我国是一个自然灾害频发的国家，对灾难性事件的心理危机干预需要广大社会力量和政府部门的共同努力，才能给灾民带来安全感和归属感。

三、危机与危机干预理论

这里，我们把危机和危机干预理论概括为基本危机理论、扩展危机理论、应用危机理论和生态系统理论。这四个理论既是关于危机的，也是关于危机干预的，而生态系统理论是一种新兴的理论。

（一）基本危机理论

基本危机理论最早是由林德曼提出，专门用来解决悲伤反应的，后来由卡普兰继承并发展到整个危机领域。

1941 年美国耶鲁大学生态学家林德曼发表了《一个老年湖泊内的食物链动态》的研究报告。1942 年，他又发表文章，说明生态系统中能量与物质的流动在不同的营养级之间存在的定量关系是维持所有生态系统稳定的重要因素。

林德曼的基本危机理论为危机干预人员提供了关于危机的一种新的理解，他否定了当时的主流观点。主流观点认为，那些因丧失亲人并被诊断为无特别疾病的人表现出来的悲伤应当被作为病态进行治疗。林德曼认为，这些人的悲伤行为是正常的、暂时的，可以通过短期危机干预技术进行治疗。他的研究成果很快在参加完二战的士兵和失去亲人的家属中发挥了积极的作用。

卡普兰将林德曼的理论扩展到整个创伤事件。他认为，造成危机状态的原因是生活目标的实现受到阻碍，并且常规的行为无法克服。卡普兰将林德曼的概念应用于所有发展性和境遇性事件，并将危机干预扩展到消除那些在开始时促发心理创伤的认知、情绪和行为问题。

针对人们对创伤性事件表现出来的普遍反映，林德曼和卡普兰的基本危机理论在心理咨询和短期治疗中起到了重要的推动作用。

（二）扩展危机理论

扩展危机理论的发展是因为基本危机理论只是单一地进行精神分析，没有考虑将一个事件转化为危机的社会、环境和境遇因素。扩展危机理论不仅从心理进行分析，而且从一般系统理论、人际关系理论、人格理论和适应理论中汲取有用成分。

1. 心理分析理论

心理分析理论认为，通过对个体潜意识思想和过去情绪经历的探究，可以理解危机的失衡状态。对于一个事件最终发展成为危机，心理分析理论认为童年期固执是主要原因。

2.一般系统理论

一般系统理论主要基于人与人、人与事件之间的相互关系和影响，而不太强调处于危机中的个体内部的反应。一般系统理论采用人际关系系统的思维方式，从社会和环境的范畴来考察危机，突破了传统理论，具有重大的创新意义。

3. 人际关系理论

人际关系理论认为，如果人们相信自己、相信别人，且有自我实现和战胜危机的信心，那么个人的危机就不会持续太长时间。如果人们把自我评价的权利交给别人，控制权的丧失与他们的危机将会持续同样的时间。只有将自我评价的权利掌握在自己手中，才能重新获得行动能力以采取行动应对危机境遇。

4. 人格理论

人格理论认为，危机受到个体人格特征的影响，容易陷入危机状态的个体在人格上有一定的特异性：注意力缺乏，看问题只看表面看不到本质；倾向性过分内倾，出现危机时瞻前顾后；情绪不稳定，自信心不足，独立处理问题的能力极差。

5. 适应理论

适应理论认为，当事人的各种不良行为、消极的思想和破坏性的防御机制是形成危机的原动力，只要消除这些不良行为，危机自然会消退。危机干预工作者需要做的就是让当事人远离那些不好的行为和思想，并帮助他们建立新的适应性机制，以解决危机。

（三）应用危机理论

每一个人乃至每一个危机情况都是不一样的，危机干预工作者必须区别对待每一个人和每一个危机情况。这里，我们按危机的类别分为三种情况：成长性危机、存在性危机和境遇性危机。

1. 成长性危机

成长性危机是指人在成长和发展的过程中，遇到一些能够带来重大人生转折或急剧变化的事情而产生异常的反应。成长性危机是危机中最正常的一种类型，几乎每个人在成长过程中都会经历数次成长性危机。例如，从高考时面临选择的学校和专业能否使自己适应的成长性危机，到大学毕业时又面临选择的单位是否合适的成长性危机，再到工作后要面临结婚引发的成长性危机。成长性危机是一种可预见的危机，每一次危机都是独特的，会影响一个人的一生，所以必须依据每个人的具体情况来评估和处理。

2. 存在性危机

存在性危机是指伴随人生的重要问题，如责任、价值、自由等引起的内心焦虑。存在性危机是基于现实的，如一个已经 50 岁的人突然觉得自己一辈子都是为别人而活，觉得很没有意思，想做一些自己感兴趣的事情，但是年纪和家庭已经不允许他做出更多的选择，这种压倒性的感觉将会持续伴随着他。

3. 境遇性危机

境遇性危机是指某人或群体遭遇罕见、异乎寻常的自然或人为的灾难，从而引起的生理和心理等各个方面的混乱。对这样的事件，当事人很难加以预见和控制。

此类危机可能是由自然现象引起的地震、海啸、台风、洪水、干旱等自然灾害；可能是由人为引起的绑架、强奸、抢劫、车祸等事件；可能是由政治因素引发的战争、经济制裁、宗教冲突等事件；可能是由经济因素引发的经济萧条、企业破产、股市大跌等事件；也可能是由自然和人共同引起的瘟疫、SARS、禽流感等重大疾病。境遇性危机是突发的、随机的，并让人产生强烈的情绪波动，其结果一般都是灾难性的。

（四）生态系统理论

网络和电子媒介的迅速发展让我们的世界变得越来越小。我们的地球把自然环境和人类社会整合成了一个大的生态系统，危机产生在整体生态系统之中，重大灾难性事件往往能够影响和改变整个生态结构。

地球任何地方发生的重大危机事件在很短的时间内就会传遍全世界，让我们切身感觉到灾难就在自己身边。例如，美国的"9·11"事件"在一夜之间让全人类的心头为之一颤，让人们意识到反恐危机迫在眉睫，即使到现在，该事件对美国人民造成的心理创伤依然存在。日本大地震引起的大海啸导致核泄漏，又让全球的人都意识到地震危机和核泄漏危机离我们如此之近。

生态系统理论认为，灾难会造成整个生态系统的持久性损害，需要大量有经验的各种人类服务和各类专家一起努力，恢复稳定与环境之间的平衡状态。

第二节　心理危机干预模式

心理危机（mental crisis）简称危机，是指个体面临重大生活事件，如亲人死亡、婚姻破裂或天灾人祸等，既不能回避，又无法用通常解决问题的方法来应对时出现的一种心理失衡状态。危机干预（crisis intervention）又称危机介入、危机管理或危机调解，是给处于危机中的个体提供有效帮助和心理支持的一种技术，通过调动他们自身的潜能来重新建立或恢复到危机前的心理平衡状态，以预防心理危机的发生。

一、危机干预步骤

虽然危机的种类是多种多样的，而且每个危机都是个别的、独特的，但是对危机干预工作者来说，有一个相对简单又切实可行的危机干预模型，那是最好不过的。尽管危机干预没有一个统一、固定的程序，但一些基本的步骤是共同的。

Gilliland 等人提出的六步骤模型就是这样一个简单明了而又切实可行的干预模型。这六个步骤的设计构成了一个完整的问题解决程序，包括明确问题、确保当事人的安全、提供支持、诊察可资利用的应对方案、制订计划、获得承诺。

（一）危机干预六步骤

步骤一：明确问题

危机干预的第一步是要从当事人的角度明确并理解所面临的问题是什么。危机干预工作者必须以与危机当事人同样的方式来感知或理解危机的情境，否则他所采用的任何干预策略或干预程序可能都会不得要领，并因而对当事人没有任何意义。在危机干预的起步阶段，危机干预工作者应该了解当事人面临危机的一些基本情况

步骤二：确保当事人的安全

危机干预工作者必须自始至终将确保当事人的安全放在全部干预工作的首要位置，这是毋庸置疑的。所谓确保当事人的安全，简单地说就是将当事人无论是在身体上还是在心理上对自己或者他人造成危险的可能性降到最低。虽然我们将确保当事人的安全放在第二步骤，但是我们对每一个步骤的运用都是灵活的，这也就意味着安全问题在整个危机干预过程中都处于首要的考虑。对安全问题进行评估并确保当事人及他人的安全是危机干预工作中最紧要的，不管怎么强调都不过分。我们鼓励学生及其他任何危机干预工作者一定要将安全问题作为他们全部思考和行动的自然出发点。

步骤三：提供支持

危机干预的第三个步骤强调的是一定要让危机当事人相信，他的事情就是危机干预工作者的事情。作为危机干预工作者，我们不能想当然地假定危机当事人会觉得我们很在乎他、很关心他。因此，这个步骤实际上给干预工作者提供了一个机会，以向当事人保证"这里有一个人真的很关心你"。在这个步骤中，向当事人提供支持的就是干预工作者。这就意味着干预工作者必须能以一种无条件的、积极的方式接纳所有的当事人。真正能给当事人以支持的干预工作者才能接纳当事人，并尊重当事人作为人的价值，而其他人未必能对当事人做到这一点。

步骤四：诊察可资利用的应对方案

危机干预的第四个步骤关心的恰恰是危机当事人和干预工作者都常忽视的一个问题，即探查出各种可供当事人选择和利用的应对方案。在严重受创而失去能动性时，危机当事

人往往不能充分分析他们最好的选择方案，有些当事人甚至认为他们的情况已经无可救药了。可供选择的应对方案可以从以下三个角度来寻找：①情境的支持，实际上就是当事人过去和现在所认识的人，他们可能会关心当事人到底发生了什么；②应对机制，实际上就是当事人可以用来摆脱当前危机困境的各种行动、行为方式或环境资源；③当事人自己积极的、建设性的思维方式，实际上就是当事人重新思考或审视危机情境及其问题，这或许会改变当事人对问题的看法，并缓解他们的压力和焦虑。有效的干预工作者可能会想出无数适合当事人的应对方案，但只需与当事人讨论其中少数几种，因为当事人事实上并不需要太多的应对方案，他们只需要对他们的具体情境而言是现实可行的方案即可。

步骤五：制订计划

危机干预的第五个步骤即制订计划，这是第四个步骤的自然延伸。这个步骤直接或间接地讨论了干预工作者如何与当事人共同协商，以制订出当事人的行动步骤的计划，这个行动计划应该极有可能恢复当事人的情绪平衡。这个行动计划应该包括：①确定其他的个人及组织团体等，应该随时可以请求他们提供支持与帮助；②提供应对机制——这里所谓的应对机制，就是当事人能够立即着手进行的某些具体的、积极的事情，是当事人能够理解并掌握的具体而确定的行动步骤。这个计划应着眼于当事人危机情境的全局，以求获得系统的问题解决，并对当事人的应对能力而言是切实可行的。虽然在危机进程的某些特殊时刻，干预工作者可以是高度指导性的，但计划的制订必须与当事人共同讨论、合作完成。在制订计划时，一定要向当事人解释清楚，在计划执行过程中可能会发生什么，并获得当事人的同意，这是非常重要的。在计划的酝酿与制订过程中，最重要的是不要让当事人觉得他们的权利、独立性以及自尊被剥夺了。计划制订过程中的两个核心问题是当事人的控制力和自主性，因为之所以让当事人去执行这个计划，就是为了帮助他由此重新获得对生活的控制感和信心，相信他没有因危机而变得依赖于支持者，如危机干预工作者等。

步骤六：获得承诺

危机干预的第六个步骤是第五个步骤的自然延伸，而且步骤五中的两个核心问题，即控制力和自主性同样也是步骤六的核心问题。

如果第五个步骤即制订计划完成得比较好，第六个步骤即获得当事人对计划的承诺就较为顺利。通常情况下，步骤六比较简单，只要求当事人复述一下计划即可，其目的是让当事人承诺，一定会采取一个或若干个具体、积极、有益设计的行动步骤，从而使他恢复到危机前的平衡状态。危机干预工作者要注意，在结束一个干预疗程之前，一定要从当事人那里获得诚实的、直接的、恰当的承诺保证。在随后的干预疗程中，危机干预工作者要跟踪当事人的进展，并对当事人做出必要而恰当的反馈报告。

（二）评估——贯穿于整个危机干预过程

评估是一个连续并动态地贯穿于危机干预始终的过程；根据当事人的应对能力、危机事件的威胁程度及当事人的能动性水平，对当事人过去和现在的危机状态做出评估；并就危机干预工作者需要采取何种类型的干预行动做出判断。危机干预工作者对评估技巧掌握的程度会极大地影响危机干预的效果。在有限的时间内，干预工作者必须迅速、准确地掌握当事人所处的情境与反应。危机评估可以从危机的性质、求助者的功能水平、应对机制和支持系统、自伤或伤人的危险性方面来进行，以确定需要实施的干预策略。

1. 紧急程度评定

它包括危机的严重程度；当事人或他人是否存在生命危险，即是否有自杀、攻击或杀人等其他危险；危机根源的认定，即影响个体的是危机事件本身，还是在处理危机事件过程中出现的过渡状态，还是社会文化因素。

2. 危机状况评定

对处于危机中的个体进行综合状态的评定，包括当事人的认知状态、情感反应、行为改变程度以及躯体反应方面的表现等。

3. 自杀危险性评估

虽然处于危机中的人不一定都会出现自杀的意念或行动，但危机干预工作者必须在整个干预过程中经常了解自杀的可能性，因为自杀行为有多种形式，并且可能以多种方式掩饰。危机干预工作者应该认识到，每一个处于危机中的人都存在自杀的可能性。

二、危机干预技术

危机干预也称为危机调停，是指对处于困境和挫折中的个体予以关怀和支持，使之恢复心理平衡的过程。其应根据当事人的不同情况和危机干预工作者的擅长，采取相应的心理干预治疗技术。一般来说，危机干预主要包括下面两大类技术。

（一）自我支持技术

自我支持技术的目的在于从处于危机中的当事人自身的角度出发来解决危机，调整情绪，使自身的功能水平恢复到危机前。其具体做法如下。

1. 寻求滋养性的环境，收集充分的信息

改变境况的第一步就是要充分了解问题之所在。虽然个体在危机中会陷于莫名其妙的恐惧和不知所措的境地，不知道发生了什么事，也不知道将可能发生什么事，但可以肯定的是，那些过去有类似经历的人能够从其经验中得到帮助。人们还可以向有经验的人和处理危机的专家请教，或从有关书籍中寻找解决问题的办法。环境对人的心情会有很大的影响，处于危机中的个体一般对周围所处的环境把握不住。

2. 积极调整情绪

危机的出现显然会使人们极度紧张和沮丧。这些情绪反应不仅是内在的、强烈的不适感，而且消极的挫折体验将使危机进一步恶化。因此，调整情绪的中心环节就是要培养承受这些痛苦感受的能力。通过调整情绪，将使诸如焦虑导致恐慌、沮丧导致失望等情况的恶性循环得到控制。当危机超出我们的控制以及我们无力改变外部事物时，把握自己的情绪尤为重要。

情绪调整法包括抑制、分散等回避痛苦的方法。这些方法能转移人的消极思想和情绪，为个体的心理重建赢得时间。譬如，提醒自己"别想它了，想点别的吧"。分散方法是指不断地做事，集中注意力于当前的工作而不去关注那些痛苦的感受。分散活动的主要目的是回避痛苦的现实。

向别人诉说自己的情感、往事和痛苦的思绪能使悲伤变得可以忍受。一遍又一遍地诉说痛苦，相当于痛苦的再体验，逐渐地使人们变得不那么恐惧，以便使开展心理调整工作所需要的信息被个体充分吸收。这时最重要的不是给危机受害者提供建议或分担痛苦，而是在他们体验极度恐惧和紧张时和他们待在一起。

个体将强烈的、痛苦的情感变得可以忍受的一条普通而有效的途径就是"自我对话"。例如，通过对自己说安慰或平静心态的话来调节焦虑，甚至可以大声地独白或把所发生的事情写下来，通过有意识地提醒自己注意事情积极的一面来缓解沮丧情绪。良性的"自我对话"在帮助人们超越所有不能忍受的痛苦时非常有用。

3. 建立良好的人际关系

孤独无援的个体很希望得到别人的帮助。在危机期间和危机过后，个体都需要与周围的人保持良好的人际关系，不一定是要求他们提供强烈的情感支持，而是与他们保持日常的联系，共同分享经验，共同面对事物。这有助于遭受危机的个体重新适应社会，还可以分散他们的注意力，使得他们不再为消极、紧张的情绪所困扰。这种良好的关系可以表现为与自己的朋友一起散步、听音乐或是静静地坐一会儿。

4. 面对现实，正视危机

在危机的前期，人们习惯于采取积极的态度来应对危机，利用一切可以利用的资源来避免危机带来的损害。但到了危机的中后期，当个体积极应对危机的策略失败，个体感到绝望的时候，他们就会消极地逃避现实，采取退缩的策略来应对危机，他们不愿意承认现实情境，常常歪曲现实情境，以此来避免危机带来的损失。面对现实，正视危机，有利于个体激发自身潜在的力量，动员一切资源来寻求危机的解决办法。

5. 暂时避免做重大的决定

处于危机中的个体处理问题的能力比平时要低，由于个体受到问题和情感的双重困扰，搜集信息和处理信息的能力受到一定的限制。也就是说，这时个体对所面对的问题不会进行深入的分析，掌握的信息又太少，无法做出正确的决策。个体虽然在这时很想摆脱危机，努力去寻找一切解决问题的办法，但危机的无法控制往往使得个体无功而返，甚至造成更大的伤害。在危机时期，避免做重大的决定将有利于个体的自我保护，避免再次受到伤害。

（二）专业协助

1. 认知干预

1960 年，临床心理学领域出现了从认知途径对人的心理问题进行干预的研究，并相继形成了若干认知干预的技术。这些技术的共同点是都认为认知是客观事物或外部刺激与个体情感和行为的中介因素，都认为认知是客观世界或外部刺激造成个体情感和行为心理问题的重要原因，因此要解决心理问题就必须以个体的认知且主要是认知方面的偏差和失调为干预的对象和切入口。

2. 行为干预

行为干预的目的是实现特定行为的改变，降低或者消除个体在危机中的不良行为，培养或提高个体的一些良好的行为，从而提高个体对危机的免疫能力（实现特定行为的改变）。其主要包括以下三个方面。

第一，降低不良行为发生的频率，主要采取的手段是实施负强化的方法。如果某一行为是由于得到了正强化的刺激而发生的话，那么采用负性刺激就将逐渐减少，甚至消除该行为。

第二，提高良好行为发生的频率，主要采用正强化的方法。正强化是将令人愉快、喜欢的事物或事件偶联于特定的目标行为，从而提高该行为发生率的一种行为干预方法。

第三，行为塑造。这是指持续地注意强化更为接近目标行为的行为，同时消退先前的较为违背目标行为的行为，使目标行为得以形成。

三、危机干预的效果

危机干预的效果在很大程度上是由处理危机的个人决定的，专业人员的个人特点和所表现出的专业素质是很关键的。从危机干预工作者的个人特点来看，丰富的个人经验、娴熟的专业技巧、镇静、精力充沛、富有创造性与灵活性以及快速的反应能力等都是非常重要的因素。除此之外，在危机干预中，专业人员应注意以下几个方面的事项，以保证达到干预的效果。

（一）及时给予精神支持

在了解危机真相的基础上，及时判断当事人的处境、情绪状态以及所做出的反应，及时肯定其合理的决定，相信他们有能力来应对危机，鼓励他们采取有效的措施应对所面临的问题。对他们在危机状态中所表现出的不合理的情绪和行为则不予强化，但也不指责、批评。

（二）及时提供宣泄情绪的机会

处于危机中的人往往有强烈的情绪反应，如果不能得到及时的宣泄，不仅会使个体一直处于紧张状态，而且对有效应对危机也很不利。工作人员应及时给处于危机中的人提供宣泄情绪的机会，协助他们宣泄负性情感，如愤怒、恐惧、仇恨、沮丧等。

（三）给予希望和传递乐观精神

工作人员应及时向处于危机中的人传达积极的信息，以有效地缓解他们对自己的疑惑。面临危机时的普遍反应就是失望和对自己能力的怀疑，这时危机干预的任务就是帮助当事人客观地分析他们的处境、所拥有的应对资源，激发他们应对危机的动力，并鼓励他们采取积极的行动，对未来保持乐观的态度。这种鼓励和支持只要不过分、不失真，就会收到良好的效果。

（四）倾听和接受

在危机干预过程中必须始终保持接受、理解、关心和宽容的态度，自始至终倾听当事人的倾诉，并保持高度关注和积极参与。工作人员设身处地的理解、接受和尊重会极大地促进当事人的积极行为。

（五）做出及时的反应

危机干预工作者在全面了解危机发生经过的基础上，对当事人诉说的有意义的情况应及时做出反应，对无关情况则应淡然处之。工作人员应始终保持对当事人的应答反应，这不仅有利于会谈的连续性，而且这种及时的应答反应本身就具有积极的安慰和镇静作用。当事人从中可以感受到工作人员的关注和投入，从而增强对工作人员的信任和战胜困难的信心。

（六）尊重和理解

工作人员要尊重和理解当事人的情感，以客观的态度讨论问题，不要轻易加以指责，或表现出"不应该""不行"的态度。当事人在危机状态下会有一些过激的情绪反应以及不理智的行为，这需要工作人员帮助他们客观地分析所面临的问题，找出问题的关键，并同他们一起探讨有效的解决方法。对于他们无效的反应方式和情感则可以不予理会，但不能对他们的无效反应进行指责。

危机干预理论为危机干预实践提供了依据，危机干预理论与心理治疗联系起来便形成了危机干预模式，它为危机干预方法和策略提供了基础。为了帮助当事人尽快从危机中解脱出来，以下原则是非常重要的。

第一，指导处于危机中的个体及时、有效地接受帮助。危机干预工作者通过采用问题解决技巧和其他技术激发当事人的能力，把注意力放在当事人人际关系冲突和角色功能失调等核心方面，并把寻求解决问题的方法和途径作为核心问题加以关注。

第二，帮助当事人有所作为地对待危机事件。帮助当事人对事件的发展进行预测，了解自身的资源和可能的解决办法，帮助他们确定解决问题的步骤，并督促实施。

第三，向当事人提供必要的信息。它包括其他人可能会采取的应对策略，当事人的个性特点、自我功能、社会文化因素的影响途径等，并对当事人的疑惑进行说明，增强其解决问题的信心。

第四，不要责备他人，以防当事人不去承担责任而采取消极回避的方式。处于危机中的人很容易把问题的责任推给别人，这不仅无益于问题的解决，反而容易造成当事人更大的情绪反应。

（七）劝告和直接提出建议

工作人员应随机应变，根据当事人的具体情况提出具体的、可行的建议。泛泛的建议不但不能奏效，而且还可能导致当事人产生更糟糕的消极情绪。

第三节　大学生心理危机干预

由于其特定的年龄与环境，大学生属于一种特定的社会群体，其遭遇的心理危机涉及大学生活的方方面面，表现形式也多种多样。面临危机的大学生可能因为害怕、恐怖和忧虑而感到不知所措，有时甚至抽烟、喝酒、祈祷、吃药。他们不时地在思索、幻想、睡梦和演讲中反复体验创伤，一般、正常的问题被夸大了，并被设想得特别严重，似乎是不可克服的，日常的生活琐事变成了主要的障碍物，并且需要相当完善的计划才能完成。

大学生心理危机是其心理健康出现问题的一个信号，要探究大学生的心理健康问题，就必须要对心理危机进行深入的了解，采取正确的干预对策。

一、大学生心理危机概述

大学阶段是一个人一生中生理、心理变化最剧烈的时期，一方面，大学生需要解决所面临的恋爱、就业、走向社会和人生发展设计等诸多重大问题；另一方面，大学生的身心发展还不够成熟，正处于从少年心理向成人心理过渡的关键期，世界观、人生观和价值观尚不稳定，看问题容易形成偏差，解决问题的能力也很有限。因此，当大学生面临复杂的人生课题时，这种不稳定的心理状态和应对问题能力的欠缺，使得他们极易受到外界的影响和干扰，从而产生心理危机。

（一）大学生心理危机的概念

所谓大学生的心理危机，就是指个体在大学阶段所面临的心理问题。他们面临的困难是内心不能承受的，由于过度的担心而导致精神的极度抑郁、焦虑，甚至在心理上不能自拔、失去控制。大学阶段是大学生成长的重要时期，也是他们从学校向社会过渡的关键阶段。因此，他们面临着各种多变的环境，心理上也就容易产生各种各样的问题。此外，因为大学生的学校生活具有群集性以及群体构成的同质性等特点，所以大学生的许多行为都有互相传染的特点，这就使得心理危机的处理问题变得至关重要，如果不能运用正确的方法对大学生的心理危机加以干预指导，这种情况就很可能被扩散蔓延，甚至引起整个校园的混乱，严重阻碍大学生的心理健康成长。

（二）大学生心理危机的阶段

心理危机不是一朝一夕形成的，它需要经历一个过程。不同的个体产生心理危机的时间也是不相同的，时间短的需要 24～36 小时，时间长的需要 4～6 周。具体来讲，大学生心理危机主要经历了以下四个阶段。

第一阶段，当大学生对未来的生活充满恐慌或者不安时，他们的内心就处于一种失衡的状态，警觉性就会提高，开始产生紧张的感觉。在这个阶段，大学生通常是一种封闭的状态，不愿意向他人透露自己的焦虑，而是采用自己习惯的方式对之进行处理，想要重新找回心理平衡。

第二阶段，当大学生采用自己习惯的方式解决问题时，常常是达不到理想的效果的，所以他们在原来问题的基础上又增加了新的焦虑，并且想尽各种办法试图解决问题。然而，效果并不明显，高度紧张以及焦虑的情绪会影响他们的冷静思考，使其使用的各种办法对解决问题没有太大的帮助。

第三阶段，当大学生努力使用各种办法解决问题而没有成功时，他们的焦虑感又会进一步地增加，渴望寻找到新的方法来解决问题。在这个阶段，他们不再是自我封闭的个体，而是积极地寻求他人的帮助，希望通过他人的指点找到新的途径。此时，个体非常容易受到他人的暗示或影响。

第四阶段，如果大学生的所有办法都行不通，那么他们就会产生一种失意的、无助的挫败感。他们对自己没有任何的信心，对问题更多的是充满了恐惧，对自己的能力产生怀疑甚至认为整个人生都了无生趣，从而走上了一条不归之路。在这个阶段，大学生承受着最大的压力，完全有可能触发内心深层的矛盾冲突，然后整个人走向崩溃的边缘。因此，这个阶段的大学生必须获得来自外界的帮助，这样才可以顺利地渡过心理危机。

（三）大学生心理危机的类型

不同的心理危机是由不同的原因所引起的，因此大学生心理危机的类型也就不同。总的来说，大学生心理危机主要包括以下几种类型。

1. 发展性危机

发展性危机主要是指在日常生活中，大学生因面临的各种生活选择而产生心理失衡的现象，这种选择主要体现在升学、就业、工作、结婚等各个方面。这类危机是每个人都会遇到的，是再正常不过的。这类危机出现的时间比较短，但变化急剧。如果能顺利渡过这种危机时期，将会促进大学生心理的健康发展，使其获得更大的独立性，从而提高其人际关系能力。

2. 境遇性危机

境遇性危机是指大学生面临的危机是突如其来的、不可控制的，这种突发性的状况常常会引起大学生的心理失衡。例如，大学生的亲人失业或者在车祸中不幸身亡，这对他们造成巨大的打击以致情绪失控，或者他们不幸遭受了抢劫、火灾而引起情绪以及行为的失调。这种类型的危机最大的特点就是具有突发性、任意性，许多大学生都不能很好地化解这一危机，因此这一危机在大学生的心理危机中占有相当大的比例。

3. 病理性危机

病理性危机主要指大学生因为身体疾病而产生的心理失衡现象。伴随着这一现象常常会出现焦虑、抑郁、精神分裂等病症。还有一些失调的行为也被包括在病理性危机中，如品行障碍以及违法犯罪等。

4. 存在性危机

存在性危机是指大学生对于个人某些方面的思考而出现的心理失衡现象，如他们对自己是否独立、有责任、有担当进行相关的思考。这一危机既可能是现在的某一实际情况所引起的，也可能是由对自己的过去不满所引起的。在大学阶段，许多大学生都对这一问题进行了深入的思考，但是由于知识水平的局限，他们的思考常常是迷茫而没有结果的。在这种情况下，他们就会产生一种无助、绝望、空虚的状态，并且产生一种无能为力的感觉，这就很容易产生抑郁，进而出现心理危机。

5. 情境性危机

情境性危机是指在生活中出现的由于个人面对其无法预测和控制的罕见或异乎寻常的事件而产生的危机，如意外爆炸，交通事故，被绑架，被强奸，突发的重大疾病，亲人、同学、好友的死亡，父母离异，重大自然灾害等。情境性危机是偶然的、突发性的，令人震惊并产生强烈的情绪反应，而且其结果往往都是灾难性的。

6. 环境性危机

环境性危机是指某一自然或人为造成的灾难降临到大学生身上时，他（她）或他们因身陷其中，反过来又必将影响到校园中所有的其他人。环境性危机是由以下三种因素引发的：第一，自然灾害，如洪灾、海啸、地震、火山喷发、泥石流、龙卷风、暴风雪、旱灾、饥荒、森林火灾等；第二，由生物因素引起的环境性危机，如流行病爆发等；第三，由政治因素引起的环境性危机，如战争危机、民族冲突等。

（四）大学生心理危机的特点

大学生是一种特定的社会群体，因此其遭遇心理危机时，具有与其他群体本质上不同的特点。

1. 发展性

处于发展转变中的人极易受应激事件的影响。人的一生中，各个发展时期都有其相应的发展课题和任务。林崇德认为，成年初期的发展课题应该包括：第一，对身体的发育，特别是对因性成熟引起的诸多变化的理解和适应；第二，从精神上和经济上脱离父母并走向独立；第三，逐渐完善作为男性或女性的性别角色；第四，对新的人际关系，特别是异性关系的适应；第五，正确认识自己在社会中的角色，通过各种社会活动完善自己；第六，树立作为社会一员所必须具备的人生观和价值观；第七，掌握作为社会一员所必须具备的知识和技能并付诸社会实践；第八，选择职业及工作适应；第九，恋爱、结婚及婚姻适应；第十，成就感的获得与自我实现。

这些课题由于都集中在一起，因而对于大学生来说，一个危机化解了，新的危机又产生了，个体也在不断解决危机的过程中达到自我发展与自我提升的目标。

2. 突发性

大学生经历的危机事件常常是突如其来的、毫无准备的和无法控制的。例如，经历了生活中亲人、同学和好友的突然离去或遭遇严重的自然灾害等突发性事件，使原来正常的学习和生活秩序猛然遭到破坏，这种突然的改变让人猝不及防，极易引发大学生的心理危机。

3. 普遍性

心理危机的产生是个体和外部条件共同作用的结果。大学生的年龄一般为18～25岁，正处于青年初期。在这一时期，生理成熟意味着大学生具有了成年人所具备的生理特征；身高与体重基本成型，身体内部机能增强，性发育成熟。大学生的心理发展处于由不成熟向成熟过渡的阶段，大学生的社会发展又滞后于心理发展，因此大学生的心理呈现出积极与消极并存、自负与自卑并存的矛盾与冲突的现象。任何一个小小的问题如果不能得到及时干预与化解，都可能引发严重的心理危机，甚至导致悲剧性的后果。

4. 潜在性

潜在性是指大学生心理危机并非以直接爆发的方式体现，而是潜藏在个体中，当遭遇危机性事件时，再加上易感个体，就容易引发心理危机。大学生心理危机与成长的每一方面相伴而生，如果没有"危机"，即使年龄与日俱增，心理发展也不会与时俱进，而潜在的危机会促动个体积极关注自我，获得成长的力量。在成长的某一刻，成长的力量与危机的力量共生，两种力量相互较量，此消彼长。在正常情况下，成长的力量是个体生命中永远向上的动力。然而，当面临特定的情境，生命中的一个困难必须克服时，潜在的危机就发生了。正如平静的大海下暗藏着狂流怒潮一样，危机的累积与渐进是一个潜在的过程、量变的过程，一旦发生质变，就会带来个体的成长抑或一种更大的危机。

5. 复杂性

危机是个体的生活环境、家庭教养、朋友交往等关系相互交织的综合反映，因此危机是复杂的。由于每个人生活境遇的不同、家庭教养的不同以及心理素质的不同等，所产生的危机也就各不相同。

6. 危险性

危机事件发生后，大学生原有的平衡状态被打破，由于心理承受能力较差，加上个性因素，有些同学就会出现意识狭窄、思维不清、情感紊乱等情况，无原则地放大自己所面临的问题，容易钻牛角尖，继而做出极端和偏激的行为，如自杀、他杀，因而具有很高的危险性。

（五）大学生心理危机的表现

大学生在成长和发展过程中，会遭遇到成长方面、人际关系方面、就业方面、学业与经济方面以及情感方面的危机。当个体面对这些危机时会产生一系列的身心反应，一般危机反应会维持 6~8 周。危机反应主要表现在生理上、情绪上、认知上和行为上。

（1）在生理方面，会出现害怕、焦虑、恐惧、怀疑、不信任、沮丧、忧郁、悲伤、易怒、绝望、无助、麻木、否认、孤独、紧张、不安、愤怒、烦躁、自责、过分敏感或警觉、无法放松、持续担忧、担心家人健康，害怕染病，害怕死去等。

（2）在认知方面，常出现注意力不集中、缺乏自信、无法做决定、健忘、效能降低，不能把思想从危机事件上转移等。

（3）在行为方面，呈现反复洗手、反复消毒、社交退缩、逃避与疏离、不敢出门、害怕见人、暴饮暴食、容易自责或怪罪他人、不易信任他人等。

从过程来看，个体在危机发生后可能出现下列反应。

（1）事后震惊。危机过后，经历危机的大学生可能产生一种震惊感。其表现为周期性或持续性的颤抖、长期心烦意乱或心不在焉、极端不安和精神恍惚、精神错乱等。

（2）责难。责怪自己和责怪他人。

（3）内疚和焦虑。面临危机的大学生可能因为害怕、恐怖和忧虑而感到不知所措，这在日常生活的坐、站、行中可得到证明，并且借助于抽烟、喝酒、祈祷、打电话、吃药以及和那些能够帮助自己的人交谈等途径来减少焦虑。他们不时地在思索、幻想、睡梦和演讲中反复体验创伤，一般、正常的问题被夸大了，并被设想得特别严重，似乎是不可克服的，日常的生活琐事变成了主要的障碍物，并且需要相当完善的计划才能完成。

（4）抑郁。大学生在面临危机时往往表现得很抑郁，特别是在很极端的时候，他们会极度地悲伤、痛心或绝望。这种情况下的个体在认知上会表现得很无助，他们会认为面对如此的情境，无论采用什么方法和手段都是没有用的，无论谁也无法摆脱这种情境，产生习得性无助感。

（5）逃避和专注，并有假装适应的反应。这是所有心理危机反应中最敏感的。这些人表面上都好像很成功地驾驭了创伤和压力，但事实上他们似乎驾驭得太好了，以致于故作轻松。假装适应的反应是一种由抑制、自我克制等综合构成而支撑起来的相当脆弱的防御方法。假装适应的人很少主动寻求帮助。

（6）休克。大学生可能由于创伤事件而不知所措，他们感到麻木和茫然，而留给他们自己的仅仅是"这并没有真正发生在我身上"的感觉。这会在他们的外表上表现出来，如经常眼神呆滞，说话时恍恍惚惚，难以集中注意力，走路僵硬，并且很容易受到暗示的影响。一些人由于突发事件而引起的压力反应是对他人或自己进行攻击，总觉得能够发泄满腔的怒火和重新获得自尊的唯一途径就是毁灭他们认为伤害了自己的人；另一些人则可能是自我毁灭式的，如酗酒，直到神志不清为止。

（7）寻求改变。危机中的大学生虽然对事件的不确定感到很难受，处理问题的能力受到了限制，但个体也不会坐以待毙，他们也想获得别人的帮助，寻求摆脱困境的方法，只不过常常采用一些不当的方式来处理问题。

二、大学生心理危机干预

当前，大学生的心理健康状况不容乐观，心理危机事件不断涌现，大学生自伤或伤人等危机事件时有发生。如何对大学生的心理危机实施有效的预防和干预是摆在高校教育工作者面前的一个重要的理论和实践命题。

（一）心理危机干预模式

心理危机干预的许多理论产生于西方国家。这些理论从不同角度对危机干预的本质以及方法、策略、过程进行了探讨，这是对危机干预实践的提升，反过来对危机干预的实施又起着重大的理论指导作用。其中，雷特纳（Leitner）和贝尔金（Belkin）把危机干预归纳为三种基本模式：平衡模式（equilibrium model）、认知模式（cognitive model）和心理—社会交互模式（psychosocial interaction model）。

1. 平衡模式

危机中的人通常处于一种心理或情绪失衡的状态，在这种状态下，原有的应对机制和解决问题的方法已不能满足他们的需要。平衡模式的目的在于帮助人们重新获得危机前的平衡状态。平衡模式最适合于早期干预，这时人们失去了对自己的控制，找不到解决问题的方向且不能做出适当的选择。

2. 认知模式

危机根植于对事件和围绕事件的境遇的错误思维，而不是事件本身或与事件和境遇有关的事实。该模式的基本原则是，通过改变思维方式，尤其是通过认识其认知中的非理性和自我否定部分，通过获得理性和强化思维中的理性和自强的成分，人们能够获得对自己生活中危机的控制。认知模式最适合危机稳定下来并回到接近危机平衡状态的求助者。

3. 心理—社会交互模式

该模式认为，人是遗传天赋和从特殊的社会环境中学习的产物。因为人们总是在不断地变化、发展和成长，他们的社会环境和社会影响总是在不断地变化，危机可能与内部和外部（心理的、社会的或环境的）困难有关。危机干预的目的在于与求助者合作，以测定与危机有关的内部和外部困难，帮助他们选择替代其现有行为、态度和使用环境资源的方法，结合适当的内部应对方式、社会支持和环境资源以帮助他们获得对自己生活（非危机的）的自主控制。这个模式适合已经稳定下来的求助者。

不同模式指明了不同危机干预时期的重点，每种模式下包含许多种不同的操作方式和方法。危机干预工作者应当了解不同干预模式适应的对象及各自的优点与不足，深入掌握一些危机干预的手段和方法，积累实践经验，从而帮助大学生面对危机，渡过危机。

（二）心理危机干预步骤

一般而言，危机干预可以按以下六个步骤进行。

（1）确定问题。从当事人的角度，确立和理解当事人本人所认识的问题。围绕确定的问题采用核心倾听技术（core listening skill），包括同情、理解、真诚、接纳以及尊重。

（2）保证当事人安全。保证当事人安全应作为首要目标，即把当事人对自我和他人的生理与心理危险性降至最小可能性。

（3）给予支持。使当事人知道有人能够给予其关心和帮助，不去评论、评价，无条件地接纳当事人。

（4）提出并验证可变通的应对方式。首先，通过当事人过去和现在所认识的人来了解当事人到底发生了什么；其次，让当事人明晰可以用来摆脱当前危机困境的各种行动、行为方式或环境资源；最后，引导当事人构建积极的、建设性的思维方式，即重新思考或审视危机情境及其问题，帮助其改变对问题的看法，并缓解其压力和焦虑。

（5）制订计划。根据步骤（4）所获得的信息制订切实可行的计划。该计划应把握全局，使得危机问题得到系统的解决。需要注意的是，一定要与当事人共同完成计划的制订，并解释清楚在计划执行过程中可能会发生什么。整个计划的制订需要考虑当事人的控制力和自主性，使得他（她）能够重新获得对生活的控制感与信心，而不会对危机干预工作者产生依赖。

（6）得到承诺。要求当事人复述一遍行动计划，确保其能够采取一个或几个具体、积极、有意设计的行动步骤，从而使他（她）恢复到危机前的平衡状态。

（三）大学生心理危机干预的主要目的

心理危机干预就是对处在心理危机状态下的个人从心理上采取有效措施，使个体症状得到缓解和消失，使心理功能恢复到危机前水平，并获得新的应对技能，以预防将来心理危机的再次发生。大学生心理危机干预的主要目的如下。

（1）防止过激行为，如自杀、自伤，或攻击行为等。

（2）促进交流与沟通，鼓励当事人充分表达自己的思想和情感，鼓励其增强自信心和形成正确的自我评价，提供适当建议，促使问题解决。

（3）提供适当的医疗帮助，处理昏厥、情感休克或激烈状态。

（4）恢复心理平衡与动力。

（四）大学生心理危机的干预对策

1. 构建大学生心理危机干预体系

体系建构包括机构的设置、制度的建立等，建构大学生心理危机干预体系的首要任务是设立危机干预中心，明确各部门的职责和任务，形成一套完善的运行机制。

2. 建立大学生心理危机干预中心

大学生心理危机干预中心应下设危机快速反应小组、心理咨询室等机构。危机快速反应小组能够在突发危机状况下做到快速反应、快速行动，使危机的危害降到最低；心理咨询室负责对大学生进行心理状况普查，建立心理档案，密切掌握学生心理发展动向，对筛选出的高危人群进行重点监控、预约来访，避免其心理危机的爆发。

总体来说，大学生心理危机干预中心具有危机的预防和干预两大职能，主要包括以下几方面。

（1）对大学生进行心理健康状况普查，建立在校生心理健康档案，并密切关注大学生的心理发展，对于心理危机的高危人群做出及时评估、诊断和预警，建立干预对象档案库，并定期追踪观察，做到及时发现、指导和帮助。

（2）通过各种教育手段提高大学生对于心理危机的抵抗力。向大学生宣传、普及心理健康知识，使其认识自身，了解心理健康对成才的重要意义，树立心理健康意识；介绍增进心理健康的途径，使大学生掌握科学、有效的学习方法，养成良好的学习习惯，积极开发自身潜能，培养创新精神和实践能力；传授心理调适的方法，使大学生学会自我心理调适，有效消除心理困惑，自觉培养坚忍不拔的意志品质和艰苦奋斗的精神，提高承受和应对挫折的能力，以及社会生活的适应能力；解析心理异常现象，使大学生了解常见心理问题产生的原因及主要表现，以科学的态度对待各种心理问题。

（3）促进心理危机救助和自救知识在大学生中的普及和推广。可以通过开展心理危机专题教育，使大学生对于危机的含义、特征和症状表现有一个基本的了解，掌握一定的危机救助技巧，形成积极的求助与助人意识。

（4）及时为危机事件的当事人和所涉及的学生提供心理危机援助，必要时进行转诊，并做好心理危机当事人的跟踪援助工作，帮助当事人解决危机，恢复心理功能和心态平衡，使其重新掌握应变能力。

大学生心理危机干预是一项复杂的系统工程，仅仅依靠大学生危机干预中心的力量无法取得最好的干预效果。因此，大学生危机干预中心必须建立广泛的工作网和较为通畅的运行机制，这样才能确保处于干预中的个体得到最好的救助。

大学生危机干预运行机制以干预中心为枢纽，联系着校内学生处、校医院、校保卫处、辅导员和个体社会支持系统，在校外，又与医疗服务机构、心理咨询机构、公安部门建立工作网。危急情况下，要确保各个网络结点之间联系通畅，使危机中的个体得到及时的预警、帮助和干预。

3. 建设大学生心理危机干预队伍

心理危机干预工作的主力是受过专门训练的心理咨询师，这些心理咨询师除具备必要的专业技能和素质外，个人素质的提高也不可忽略。

4. 专业危机干预工作者的个人素质

（1）道德素质。危机干预工作者要做到：①诚实。"言行不一"是危机干预工作者之大忌。危机干预工作者应保持情感体验和情感表达的和谐一致，努力做到所感与所言、所行与所为的和谐一致；要能够真诚地袒露自己的内心想法，允许他人了解自己；②当事人利益至上。在大多数情况下，危机干预工作者应在理智和情感上采取"当事人利益优先"的原则；③为当事人保密。除非事先得到当事人的书面许可，否则危机干预工作者不能泄露当事人的资料，但如果确认当事人有自杀或伤人企图，危机干预工作者可以不履行保密义务；④满足当事人的知情选择权。危机干预工作者开始时就应该向当事人说明咨询目标和程序、咨询师的资格和实践经验，并提供其他自助小组等资源。

（2）自我反省能力。每个人几乎都受到过心理创伤，危机干预工作者也是如此。危机干预工作者必须要了解自己的创伤，以及这些创伤对自己潜在的影响。例如，由于过分的自我保护，而不愿意与当事人分享；由于情绪的波动，而将咨询当作宣泄自己情绪的场所；由于自己的"脆弱"，而将咨询变为自我肯定的过程；由于当事人表示出的"阻抗"，而忽视当事人的情感表达，采取疏远和冷漠的行为，或者变得傲慢、强加于人；等等。

总之，面对心理弱势而敏感的当事人，危机干预工作者必须把握住自己。自我反省能力要经过较长时间的专业训练，包括反复被有经验的督导进行心理督导。非心理咨询专业的工作者，如学生辅导员、危机志愿者等，需要努力提高自身的反省能力，力争最大限度地做好危机干预工作。

（3）灵活性与敏捷性。在危机干预工作中，时间是一个关键因素，人们能够做出反应的时间相当有限，不允许进行细嚼慢咽式的思考，因此危机干预工作者必须对危机中不断涌现、不断变化的问题做出迅速的反应和处理，必须在危机面前敢于面对挑战，在危机干预工作中充分发挥自己的创造性和灵活性，而不拘泥于各种条条框框和自己过去的经验。

（4）丰富的经验。危机干预工作者应具有丰富的生活经验，他们在复杂的生活经历中学习、成长，并能将这些经验应用于各种实际工作之中，因而他们在危机面前能够表现得成熟、乐观、坚韧和坚强。这十分有助于他们配置自己的心理资源，以更好地帮助危机当事人。

（5）镇静的心态和充沛的精力。危机干预工作者应具有镇静的心态。面对那些失去了理智控制的当事人，危机干预工作者应保持冷静、镇定，努力使情况处于自己的控制之下，从而为帮助当事人恢复心理平衡创造一个理性的、稳定的氛围，这在危机干预中至关重要。

5. 危机干预工作者的要求

危机干预工作者要精力充沛，要真诚、热情地帮助当事人，并始终如一；同时还要能够照顾自己的身体和心理需求，不断地进行自我调整，以保证旺盛的精力和完好的状态。

（1）能够换位思考。换位思考能力是危机干预工作者应具备的专业技能之一。危机当事人可能具有不同的文化、社会经济背景，他们会表现出不同的行为和态度。因此，危机干预工作者不仅必须考虑地理的差异（如国籍、民族、语言、种族、宗教），而且必须考虑人口学的差异（如社会经济地位、教育、政治、家庭）。危机干预工作者要能够从当事人的角度理解其所处的现实环境，并帮助当事人尽快与自身的社会支持网络（如家庭、单位、朋友等）建立联系。如果危机干预工作者不能很好地理解当事人的世界观，可能会做出错误的解释、判断和结论，从而对当事人造成更严重的伤害。

（2）重视对相关教师和学生的培训。这主要从以下几方面来进行：①培训危机与危机干预的基本知识；②心理危机的识别；③自杀的识别和预防。

6. 危机干预工作的形式

（1）个别干预。个别干预是危机干预最为常见的形式，也是最为传统的干预方式。危机干预工作者与当事人采用一对一的方式来进行交流。个别干预适用于心理危机比较严重或当事人对保密性要求较高的干预。依当事人的要求和危机的紧急程度，危机干预工作者可以进行上门干预、来访干预或在指定的地点进行干预。

个别干预有利于良好咨询氛围的营造和双方信任关系的建立，危机干预工作者也可以对当事人进行较为密切的关注，各种干预技术也可以得到很好的采用。因此，个别干预的效果通常较为理想。但目前我国面临的现实问题之一是专业咨询人员的比例严重偏低，而一对一个别干预的采用必然需要强大的专业人员队伍作为保障。因此，个别干预虽然是目前较为主流的干预方式，但必须依据实际情况辅以其他形式的干预。

（2）团体干预。高校的危机干预在很多情况下较适宜采用团体形式，如针对贫困生这一群体普遍的心理问题开设的"贫困生成长辅导小组"，利用约定的时间，进行团体心理干预；针对大学新生开设的为解决大学生活适应问题而开展的团体干预；针对毕业生群体开设的化解毕业生求职心理问题的干预等，都是切合实际并行之有效的方法。

（3）电话干预。热线电话是危机干预较为常见的方式之一。电话干预采取边解答边记录的方式，内容主要包括当事人的个人基本情况、主诉、咨询问题、有无自杀倾向、危机反应、提供建议等。由于电话咨询的心理干预活动排除了一切非语言，如表情、手势和姿态等的交流，完全依靠有声语言，如语调、语气和语速等迅速判断当事人的精神状态和情绪变化，因此对于干预工作者的素质要求更高，需要具有较高的交谈技巧和聆听能力、一定的临床经验和判断能力。危机干预工作者要耐心聆听并通过语音附和来表达自己对当事人的关注，当真正明白了当事人的处境和感受时，要表示理解、接纳，向当事人提供情感支持和鼓励，增强其自信心，改变其非理性的认知，但不要急于向其提供解决问题的方法，也不要做没有把握的承诺或不切实际的安慰。

与面对面的干预方式相比，电话干预有其明显的优势：保密性和即时性更强，但其劣势也是不容置疑的。最好的处理方式是实现电话干预与其他形式，如面对面干预的结合，起到初步收集信息、提供转诊建议等作用。

（4）网络干预。网络干预特别受大学生的青睐，与其他形式的干预相比，其优越性显而易见，如价格低廉、方便快捷、隐匿性较强等，但其弊端也是不容置疑的。危机干预工作者与当事人的交流通过文字、以计算机为界面来进行，传统干预中的有声语言及无声语言信息都无法从中获取，双方的信任难以建立，导致干预效果不尽如人意。

三、大学生心理危机预防

一般而言，危机干预是对处于危机中的个体进行帮助，使其尽快恢复到危机前的平衡状态，重治疗、重事后干预，我们姑且把这种干预称为反应性危机干预，即当危机信号传达到干预中心后，中心迅速采取行动，启动危机干预系统。但毫无疑问，这种反应是被动的，且干预目标多是消除当前症状，不涉及人格矫治等深层次问题，在一定程度上为危机的再次发生埋下隐患。因此，我们倡导实行积极的、预防性的危机干预与反应性危机干预相配合。预防性危机干预的对象是全体大学生，而并不仅限于危机中的个体，它重事前预防、重教育与辅导，基本目标在于防患于未然，把有可能发生的心理危机遏制在萌芽状态，更高层次的目标在于增强个体抵御危机的能力，培养健全的心理机能，促进其成长和发展。

（一）大学生心理危机的教育对策

事后干预与事前预防相统一，治疗与教育相结合是"大干预"观念下的危机处理策略，也是高校危机干预的主导思想。若要给这种广义的危机干预做个概括，那就是采取教育、辅导、咨询、治疗等各种可行的方式，预防危机的发生并使现存的危机得以解决。

通过教育来降低大学生心理危机的发生率是预防性危机干预的一大举措。学校通过在学生中大力普及心理健康知识，引导学生树立现代健康观念，加强校园文化建设，为学生营造良好的心理外部环境。针对学生中广泛存在的环境适应问题、情绪管理问题、人际交往问题、恋爱与性的问题、学习方法问题等开展教育；通过学生心理社团组织形式多样的心理健康教育活动，形成良好的心理健康氛围，或通过主办主题鲜明的特色班会，帮助学生优化个性心理品质，增强心理调适能力，提高心理健康水平。

针对危机的预防教育包括大学生心理健康教育、思想教育、危机认识与应对教育三大类别、十一项主题。

主题一：认识你自己——大学生自我意识的完善。

主题二：我要飞得更高——大学生适应能力的提高。

主题三：做生活的主人——加强大学生挫折教育。

主题四：成为你自己——大学生良好人格的培养。

主题五：爱与成长——确立健康的恋爱与性观念。

主题六：自我与他人——宽厚的人际关系。

主题七：为未来定位——大学生生涯发展。

主题八：直面压力——大学生压力应对。

主题九：做情绪的主人——大学生情绪管理。

主题十：做真正的人——大学生人生观、价值观教育。

主题十一：认识危机——大学生危机认知和应对教育。

（二）大学生心理危机的预警

1. 大学生心理档案与危机预警

大学生心理档案建立的原则：科学性原则、保密性原则、动态性原则。

大学生心理档案的主要组成部分：学生基本情况、家庭情况、个人生活事件、心理测量结果及综合评定、专业求助记录。以上五个方面的主要内容是危机干预工作者必须了解的信息。

2. 大学生心理档案的危机预警功能

危机干预工作人员一般与学生没有经常接触的机会，班级干部、辅导员等对学生的心理问题也不易及时觉察，而心理档案的建立则可通过定期专业化的心理测验，及早发现学生的心理问题，为危机干预提供重要的预警信息。心理危机工作人员对于筛查出的高危人群信息应及时组织力量进行进一步的心理评估，结合学生的生活、学习等各方面状况，最终确定预警对象，并分情况给予不同的处理。根据确定的心理筛查标准，将可能存在严重心理问题的学生筛选出来，由大学生心理咨询研究中心发出邀请信，主动邀请这些学生进行心理咨询面谈，有经验的心理咨询师或心理咨询专家根据面谈结果，对其进行心理判断和评估。

3. 大学生心理危机三级预警网络

要做好大学生心理危机的预警工作，除建立大学生心理档案、对高危人群进行筛选和干预外，还应完善大学生心理危机预警信息处理和汇报制度，构建学生骨干、辅导员、专业人员三级预警网络，推动教职员工、广大学生参与学校的危机干预工作，实现汇报、筛查、控制、跟踪、反馈一体化的工作机制，做到及早发现、及早预防、及时疏导。

（三）大学生心理危机干预工作的制度

大学生心理危机干预工作是一个系统工程，是一项长期任务，为切实做好这项工作，应建立以下几项制度。

1. 培训制度

对学校的心理咨询老师、全体学生政工干部、学生骨干实行定期培训。

2. 备案制度

学生因心理问题需退学、休学、转学、复学或学生自杀事故发生后（含已遂和未遂），应将该生的详细材料（包括遗书、日记、信件复印件）备案，并将该生的危机事故情况以书面报告方式上报。

3. 鉴定制度

学生因心理问题需退学、休学、转学、复学的，其病情应经大学生心理咨询中心专家组鉴定，或到由大学生心理咨询中心指定的专业医院进行鉴定。

4. 保密制度

参与危机干预工作的人员应对工作中所涉及干预对象的各种信息严格保密。

5. 责任追究制度

学校各部门尤其是参与危机干预工作的各部门及其工作人员应服从指挥，统一行动，认真履行自己的职责。对因自己的失职造成学生生命消逝的，要对单位或个人实行责任追究。

四、大学生不同心理危机的干预

（一）自杀危机的干预

对于大学生自杀危机的干预，可以从以下几方面入手。

1. 倾听与接纳

大学生如果出现了心理危机，就非常渴望有一个可以诉说的倾听对象。倾听是帮助可能自杀的人缓解激动情绪的有效措施。干预者如果对其进行一味指责，只会使他们陷入更加绝望的境地。因此，干预者要努力疏通他们的情感，用宽容的态度对待他们，帮助他们排解心中的苦闷和烦恼。

倾听过程中，干预者一定要调节好自己的情绪，做好接纳干预对象各种抱怨的准备。如果没有做好准备，很可能在干预对象诉说的过程中控制不住自己的情绪，对干预对象进行批评指责，这样他们很可能会更加无助，情绪会更加波动，不但无助于良好治疗关系的建立，还可能对当事人造成进一步的伤害。

当然，不只是简单的倾听就可以，在倾听的同时，还应当根据听到的重要内容有针对性地进行提问。提问包括开放式和封闭式两种。

开放式提问主要引导干预对象进一步详细地表达自己心中的想法，倾听者对他们回答的内容不可预知。干预对象所回答的内容比较广泛。倾听者通常用"什么"、"如何"、"怎么样"等来进行提问。

封闭式提问主要针对干预对象是否存在自杀想法进行提问。干预对象的回答是被限制的，他们只能选择"是"或"否"、"有"或"没有"来进行作答。

2.评估自杀危机

大多数的人在表现出自杀倾向时常常会有三个方面的危险信号，即呼救信号、危险因素和自杀线索，应该把这三个方面的工作作为重点干预目标。

1）呼救信号

有自杀倾向的人一般情况下性格是比较孤僻的，他们不愿意对人敞开自己的心扉，遇到问题后采取封闭的方式，使自己陷入孤独、无助。如果这种情绪长期不能排解，他们的自信心、自尊心就会丧失。其中最主要的影响因素包括以下几种。

第一，无助。大学生一旦遇到困难，在没有人帮助的情况下，就会感到孤立无援，内心的失落感就会油然而生，进而助长了更加孤独的情绪。在这种情况下，他们会胡思乱想，认为没有人帮助自己是因为自己的人格魅力不够或是其他方面的原因，从而造成了自尊心的下降，甚至患上了抑郁症。

第二，倒霉。他们认为命运是在和自己开玩笑，上天可能是在故意捉弄自己，所有事情的发生可能都是天意，他们会抱着天命难违的态度来消极地处理事情。虽然事件的发生是偶然的，包括受伤、丢失钱物、工作失败等，但他们自认倒霉的态度增加了事件的负面影响。

第三，绝望。绝望是无助最严重的一种情况，它是终止生命的最强信号，当一个人长期遭受不幸的事情，又没有人陪伴排解消极的情绪时，就会绝望，此时他们很容易采取自杀措施以一了百了了。

2）危险因素

北京回龙观医院和中国疾病预防控制中心在调查了800余例自杀死亡案例之后，总结出了影响自杀的十个因素。

第一，曾经有过自杀未遂的历史。

第二，患有抑郁的程度严重。

第三，死亡前的生活质量极度低下。

第四，死亡前一个月生活的负面影响导致极大的心理压力。

第五，突发事件使得应激反应的强度过大。

第六，周围的亲戚朋友有过自杀行为。

第七，死前两天与他人发生激烈的冲突。

第八，生活没有保证。

第九，有血缘关系的人曾有过自杀行为。

第十，死前一个月不愿与他人交流。

以上的危险因素越是联合，自杀的危险性就越高。因此，自杀是多种因素下综合作用的结果。

3）自杀线索

在临床医学的经验中，60%～80%的精神病患者在自杀前都会通过语言或是行为表达出这一想法，他实际上是在向人们发出求救信号。同样，在普通自杀人群中，自杀者在结束自己的生命以前也会有类似的举动。其实，这些信号有一定的相似性，如能及时破译，实施干预，自杀是能预防的。

3. 具体干预措施

1）直接讨论自杀问题

当干预双方的关系被确立以后，双方对于自杀问题的探讨也就更加直白明了。当事人并不是真的想要通过自杀的方式结束自己的生命，这只是他们遇到困难时不知所措的表现，他们用自杀的方式来逃避问题。许多事实表明，双方在互相讨论的过程中可以直接对自杀者的下一步计划进行深入的了解，然后进行有针对性的分析，进而实施不同的干预策略，从而使干预对象减轻痛苦，放弃自杀的念头。

2）警惕危机再现

有些干预对象表面上看起来没有什么问题了，他们的情绪似乎也已经平复下来，但是他们内心可能并没有走出整个事件的阴影，仍然处于危机状态。此刻，如果治疗师放松警惕的话，问题可能会再次出现。因此，干预者要仔细观察来访者的表情、动作和情感反应，若其表现为不以为然、不以为是，仍眉头紧锁、唉声叹气，说明求助者的自杀观念依然存在。

3）合理利用资源

合理利用各种资源，赢得外界的帮助，对干预自杀是十分有效的。即使是抑郁症患者，自杀也不是绝对就会发生的，他们想要自杀的念头也是会随着环境的变化而变化的。如果想要自杀的人和干预者有良好的关系，当他的自杀意念出现时，其结果如何与干预者有很大的关系，在很大程度上，干预者的帮助会改变他们自杀的想法。

4）给予强有力的支持力量

处在自杀危机中的大学生，需要有个具体、坚定的人对他们进行指导。干预者此时只需要给他们这样一个信号——告诉他们问题并没有他们想象得那么糟糕，一切情况都已经在掌握之中，就能有效消除他们的自杀意念。

对于一般自杀危机者人群来说，需要利用其周围可以利用的资源，以降低自杀的发生率。这里涉及的资源是多种多样的，包括个人的、心理的内部资源和亲人、朋友等外部资源。具体来说，老师、同学、朋友、同事、社区相关的心理危机志愿者，甚至社会上的有关干预团体，或者是预防自杀的书籍、影音资料等，只要是对自杀危机者有益的，可以帮助危机者消除自杀意念的人力资源和美好的事物，都可以用来降低惨剧的发生率。

5）采取具体的行动

在了解了干预对象的一系列想法之后，接下来最重要的就是采取具体的行动。如果在双方谈话之后，大学生自杀的想法基本消除，那么就可以让其回家做进一步的观察，并且要求其家属进行密切的配合，并及时与医院交流沟通；如果干预对象的情绪波动比较大甚至出现了一些激烈的反应，应当让其迅速住院，采取相应的措施进行治疗，通过治疗让他们的情绪平静下来，帮助他们走出困境，恢复正常的状态。

（二）成瘾性危机的干预

造成成瘾性危机的原因是十分复杂的，因而成瘾性危机也具有多种多样的类型。在这里，我们只对大学生的酒瘾、烟瘾和网瘾的危机干预做具体的分析。

1. 酒瘾的干预

在大学校园里，喝酒已经变得十分普遍，许多大学生都有饮酒的习惯，但是也有一小部分大学生对酒没有抵抗力，总是会喝得烂醉如泥，对此就有必要对大学生的酒瘾进行干预。

1）学校制定政策

有关部门可以下发一些政策文件，对大学生饮酒过量进行严厉的干预。例如，学校对于酒精饮料的数量进行严格的控制，提高酒精饮料的消费价格等。

2）普及相关知识

学校可以通过课堂教育或是举办一些活动来说明饮酒的危害，帮助大学生有意识地重视该问题。

2. 烟瘾的干预

1）预防吸烟

在大学校园里随处可见"禁止吸烟"的公共标识。然而，这种方法的效果并不是十分明显。要想预防大学生吸烟，就要培养他们健康、良好的生活习惯，在校园内创造无烟环境，提高他们对吸烟危害性的认识。

2）戒烟治疗

对一些大学生来说，厌恶疗法在戒烟治疗的初期可能有效。戒烟治疗主要包括以下几种方法。

第一，厌恶疗法。厌恶疗法指通过更加糟糕的刺激手段使大学生对吸烟产生厌恶。这种刺激的方式可以分为三种：电击、想象负面情景、吸烟行为自身。电击的过程要循序渐进，开始是缓慢的，然后逐渐地增强，使人产生疼痛的感觉，此后电击和吸烟环境结合起来使用。想象负面情景指让大学生想象一些比较严重的后果，如准备吸烟时感到恶心和呕吐。在多种方法的刺激下，对吸烟行为本身也会产生厌恶。过量吸烟就是最常用的方法，即在一个合理的范围内，努力增加大学生的吸烟量，直到他们产生厌恶的感觉。使用这种方法比想象负面情景和电击更有效。

第二，刺激控制。其主要要求人们对刺激大学生吸烟的原因进行控制。刺激控制方法本身对于减少吸烟很有效，当与其他方法合用时效果更好。很多大学生表示在特定场合是必须要吸烟的，如果不吸烟就会显得自己格格不入，如在饭桌上、在咖啡厅、在酒吧等和同学一起聚会的场所。对此，可以通过多种方法来改变这一状况，如大家一起约定不许吸烟、文明就餐或者主动选择禁止吸烟的饭店就餐等。

第三，自我监控。自我监控是大学生自己选择记录吸烟行为的一种方式，如记录吸烟的频率及每次吸烟的时间、地点、环境。大学生可以通过这种方法来进行自我监控，可以把笔、纸张跟香烟放在一起。这种方法本身可以暂时性地减少吸烟量，但主要目的是收集信息以利于其他技术的应用。

第四，行为契约。它是把大学生当时吸烟的特定环境记录下来，并将产生的后果记录到契约上的行为。在契约上记录了吸烟发生的具体环境，表明了吸烟行为产生的可能性条件，并指出怎样的行为增强了这种后果。戒烟契约会让大学生在那里存储一定数目的现金，只有他们完成了相关的任务才能把钱取出来。这种方法可能会对大学生戒烟产生一定的作用，但是作用的成效并不十分明显。

第五，反应代替。它是选择用其他的方式来代替吸烟的行为，特别是与吸烟行为不相容或在同一时间不能同时进行的。例如，吸烟者"必须在早饭后喝着咖啡吸支烟"，那就让他不喝咖啡，早饭后立即去洗澡，因为人们不可能在洗澡的时候也吸烟。

（三）网络成瘾的干预

网络成瘾是指大学生过度使用网络而导致损害身心健康甚至对社会产生危害的现象。它的特征表现非常明显，那就是大学生会把大量的时间用在网络上，从而忽视了学业，影响了自己的身体健康。他们在网络的虚拟世界里寻求满足感，一旦不能上网，他们的情绪就会产生异常，最终荒废学业、与同学间的关系恶化。

网络成瘾是多种原因造成的，故而对其干预的措施也多种多样，具体如下。

（1）厌恶干预法

所谓厌恶干预法，就是指将某种不愉快的刺激与对当事人有吸引力的但不受社会欢迎的行为活动联系起来，使得行为者最终因感到生理或心理上的厌恶而放弃这种行为。这种方法最常用的疗法就是橡皮圈疗法，即当大学生上网成瘾时，就可以拉动自己手腕上的橡皮圈，这样就会产生疼痛感，一边拉一边数数，以此达到转移注意力的目的，逐渐减少抑制上网欲望所需弹橡皮圈的次数，直到恢复正常为止。

（2）代币管制法

所谓代币管制法，就是指利用卡片等在某一范围内兑换物品的方式来降低网瘾的一种行为方法。网络成瘾的大学生可以用卡片换取自己所需要或非常喜爱的物品。例如，一位网络成瘾者每天上网的时间过长，如果他每天上网的时间都可以减少一些，那么就可以根据他减少时间的多少发对应的卡片进行奖励，每天上网的时间减少得越多，他获得的卡片面值就会越大，反之，则越小。通过获得的奖品来提升大学生的满足感，这样就会形成一个良性的循环，使好的行为越来越多，不良行为越来越少，无形中对自我形成了激励，使得大学生不断超越自我，使自我的面貌焕然一新。长此以往，网络成瘾的大学生会逐渐减少上网的时间，直至不再上网。

（3）自我警示法

所谓自我警示法，就是指让网络成瘾的大学生把网络成瘾的坏处和摆脱网瘾的好处分别写到卡片上，让他们把这两张卡片随时带在身边，时时刻刻提醒自己，约束自己的行为。

（4）药物治疗法

在网络成瘾的特殊阶段，大学生脑中的多巴胺、乙酰胆碱等神经递质的含量增加，他们常常会表现出兴奋的状态。使用抑制多巴胺等递质生成的莨菪类药物，可以破坏这种兴奋状态，从而降低大学生对网络的依赖。

（5）团体辅导法

它通过团体咨询的形式为网络成瘾的大学生提供帮助。咨询员把相关大学生提出的问题进行收集、整理，并把具有相似问题的学生安排在一个课题小组，通过小组内人员的互相交流，运用团体动力和适当的心理咨询技术，协助大学生重新安排自己的生活方式，改善其与他人的人际关系，从而促进其自我的提高与发展。这种方法发挥着十分重要的作用。具有相同问题的大学生在一起，他们的交流效果可能会更好，增加了彼此之间的互动，学生们能够转移注意力，更多地去关注同伴，然后在对比中看到自身的优势，从而增强自信心和安全感。

（6）家庭治疗法

家庭环境在干预大学生网络成瘾的过程中发挥着重要作用，家庭治疗的过程主要是改善家庭环境、家庭结构和家庭功能等方面，可以发挥其他干预方法不能发挥的作用。

由于网络成瘾的原因复杂多变，因此对于网络成瘾的大学生的干预，必须要同时从个体、家庭、社会三个方面介入，才能取得更好的效果。

第四节　大学生朋辈心理辅导探索与实践

学校的心理咨询是培养大学生优良的心理素质不可缺少的环节，是心理健康教育的一个重要组成部分。由于大学生寻求心理咨询的需求日益增长和专职心理健康教师的缺乏，加之学生主动寻求咨询和老师主动提供咨询不够，教育者不可能真正地做到及时发现，更不可能较为彻底地解决学生的心理问题，使得大学生的心理健康状况无法得到根本性的改观。因此，拓宽学校心理咨询的渠道已经显得尤为必要，也一直是教育工作者关注的热点问题。其中，让全体学生成为心理咨询工作的主体与原动力的朋辈心理辅导就是一种实施方便、推广性强、见效快的学校心理咨询模式，它的出现改变了以往学生只是心理咨询的对象而只有少数专业的心理咨询师才能开展助人活动的状况，让很多受过半专业训练的学生成为专业心理咨询教师的有力助手，为学校心理咨询工作注入了一股新的、强大的力量。将朋辈心理辅导引入大学校园，利用朋辈互助解决心理问题是高校心理健康教育的一种行之有效的新途径，对促进学校心理健康教育的改革具有重要意义。

一、朋辈心理辅导的含义与特点

（一）朋辈心理辅导的含义

朋辈心理辅导是指年龄相当者对周围需要心理帮助的同学和朋友给予心理开导、安慰和支持，提供一种具有心理咨询功能的帮助。它可以理解为非专业心理工作者作为帮助者从事一种类似于心理咨询的帮助活动，因此有时它被称为"准心理咨询"或者"非专业心理咨询"。

它与一般人际互动存在质的区别，那就是：朋辈心理辅导人员必须经过比较严格的培训和督导，能理解和掌握心理咨询的基本原则和规范，能遵照心理学的原则科学有效地开展助人工作。未经培训和督导的朋辈互助活动不能称为朋辈心理辅导，其实际助人效果也难以保证。

（二）朋辈心理辅导的特点

朋辈心理辅导是一种非专业的心理咨询活动，与专业心理咨询和治疗工作相比，在目标、要求、方法等方面的层次和深度上存在较大的差异，它具有以下显著特点。

（1）亲情性、友谊性。朋辈心理辅导一般发生于亲人、熟人或朋友之间，而不发生在陌生人之间，而专业心理咨询恰恰要求避免咨询师与来访者之间的多重关系——尽量不与熟人、亲人、同事建立咨询关系。

（2）自发性、义务性。朋辈心理辅导是一种利他行为，通常情况下是自愿的，并且基本上不存在当事人要给朋辈心理辅导人员物质报酬的问题。自发性、义务性是朋辈心理辅导区别于专业心理咨询的一个重要特征。

（3）简便有效和直接干预性。在朋辈心理辅导中，助人者可能与当事人共同生活，空间距离接近，交往频繁，甚至休戚相关，提供安慰、鼓励、劝导等心理支持非常便利，甚至可以对当事人的言行进行直接的监督和干预。另外，朋辈心理辅导人员对当事人的基本情况比较熟悉，能节省时间及时给予当事人心理援助。

二、朋辈心理辅导的理论基础

（一）人本主义理论

人本主义心理学理论强调人的尊严、价值和自我实现。以罗杰斯为代表的人本主义心理学家在心理咨询和治疗中注重给予来访者无条件地接受和尊重，这种心理治疗方式"以来访者为中心"。朋辈心理辅导中，心理辅导员与大学生是同龄人，能够减少咨询中的顾虑，只要对来访的同学无条件地积极关注和尊重就能使其倾诉烦恼和困惑，在其倾诉时，耐心地倾听就是最好的治疗方法。人本主义最大的贡献是看到了人的心理与人的本质的一致性，主张心理学必须从人的本性出发研究人的心理。

（二）社会学习理论

心理学中的社会学习理论认为，学习的方式是通过观察和模仿习得知识和社会交往的技能等。大学生中的朋辈心理辅导员经过培训和选拔，一般具有同龄人认可的素质和良好的性格，在帮助他人解决心理困扰的同时，更重要的作用是潜移默化地提供了一种可供求助者参考的角色示范，并通过一种榜样示范的作用提供解决问题的模式。

（三）参与教育理论

参与教育理论认为，参与其中是学生学习社会经验和改变认知模式的有效途径。大学生的心理问题具有共性，一般涉及人际关系、学习、恋爱、就业等问题。学生之间的交流有助于相互学习、共同成长，有助于形成"自助—助人—互助"的机制。

（四）马斯洛的需要层次理论

马斯洛的需要层次理论把人的需要从低级到高级分为生理需要、安全需要、社会需要、尊重和爱的需要、自我价值实现的需要。大学生朋辈心理辅导过程中，同龄人之间通过积极倾听、共情等方式能够满足求助者的安全需要和归属感的需要。

（五）积极心理学理论

积极心理学理论倡导人类以一种积极的心态来对人的心理现象进行重新解读，以此来激发人潜在的积极的力量和积极的品质。

三、大学生朋辈心理辅导的优势和意义

大学生朋辈心理辅导的开展很大程度上有赖于学生本身的相互信赖程度，辅导人员和来访者可以在咨询的起始阶段很快建立起互动关系，辅导人员可以更好地深入来访者内心去体验他的情感、思维，使咨询能够达到非常好的效果。

（一）朋辈心理辅导的优势

1.发现问题及时

学生的心理问题是一个长期的过程，每一个将要出现问题的学生在平时的生活和学习中都会表现出异常，而心理辅导教师由于不可能顾及每一个学生个体，因而也很难发现问题，但是开展朋辈心理辅导却恰恰能够弥补这一不足。当身边的同学有异常时，朋辈心理辅导员往往能及时发现，并帮助解决或帮助找寻相关的心理辅导员教师。朋辈心理辅导能使学生当前的心理问题得到有效的缓解，为及早发现和诊治学生心理疾病提供信息和帮助。

2. 易于建立良好的咨访关系

朋辈心理辅导是同辈之间进行的一种心理辅导。同辈之间有着共同的经历和情感体验，因此更容易互相理解，便于沟通交流，这是其他的心理辅导模式所无法比拟的独特优势。

（二）朋辈心理辅导的意义

1. 符合学生的心理需求，辅导结果事半功倍

朋辈心理辅导符合学生的实际心理需要，是根据青少年进入青春期后的心理特点而开展的。青少年学生往往喜欢向同龄人打开心扉、倾诉烦恼。专注的倾听、合理的劝导、理智的分析、真诚的安慰在很多时候会有助于身陷困境的人恢复自己的思考和判断能力，脱离过激情绪，重拾信心，做出合理应对。而倾听者在助人的同时，升华了友谊，改善了心理自我调节能力，也促进了"助人—自助"的良性循环。由于人们之间相互的心理安慰、鼓励、劝导和支持多半发生在朋友和同辈身上，因而朋辈心理辅导对社会日常生活中发生的心理帮助而言具有典型的代表意义；而且，朋辈心理辅导比心理咨询的设置更为宽松，学生成了心理辅导的主体和原动力。朋辈心理辅导具有更加方便、推广性强、见效快的特点，容易起到事半功倍的效果。

2. 有效地补充了专业心理咨询人员的不足，推动了心理健康教育的普及

长期以来，我国教育中的一个突出问题就是学生多方面负担过重，造成部分学生身心健康状况每况愈下。舒缓学生在情感、就业、学习、人际交往中产生的心理困扰，减轻其心理压力，仅靠几个专业心理咨询师的一两次辅导是远远不够的。朋辈心理辅导人员在学习了一定的心理咨询知识和技巧后，学以致用，帮助身边的同学解决心理问题，同时也能提高自我调适的能力，对学会关心别人、接纳别人、学会共处、学会做人、学会生存都有着积极的引导作用。与专业心理咨询相比，朋辈辅导具有自发性、义务性、简便有效性、直接干预性等优点，受时间、地点的影响小。因此，朋辈心理辅导的引入将打破高校专业心理咨询"坐等咨询"的尴尬局面，推动心理健康教育的普及。朋辈心理辅导模式的构建和推广使大学生在心理问题方面能够得到及时、贴切的帮助。在社会和学校的支持下，朋辈心理辅导能够有效地改善大学生心理咨询"僧多粥少"的状况，使更多的大学生受益。

3. 弥补了学校心理咨询在广度和深度上的局限，提高了心理健康教育的效果

恰当地安排从事朋辈心理辅导的学生的数量，可以起到以点带面的作用，在每个学生周围形成相关的群体，同时可以通过适当的举措使得各个群体之间相互学习、相互促进、共同进步，从而将心理咨询渗透到整个学生群体之中。另外，辅导者和被辅导者年龄相仿、背景相近、学历相同，从而他们更能够深入对方的心灵深处，达成共振。朋辈心理辅导的范围可以从心理健康咨询向学习咨询、职业咨询、恋爱咨询、人际关系咨询等各个方向和层面延伸，从障碍性咨询跨越到发展性咨询，从而大大提高高校咨询的深度和广度，提高咨询的效果和效用。

4. 有助于大学生自助和互助技术的掌握，促进了大学生在心理健康教育方面"助人—自助"的良性循环

许多人乐于帮助他人，但常常苦于找不到帮助的要领，根本无法介入，即使能够介入，收效也甚微，因而渴望了解更多的助人理念和技巧。在高校推广运用朋辈心理辅导，一方面有助于学生掌握一定的心理咨询知识和技能，改善心理自我调节能力，提高人际沟通、情感交流的能力；另一方面对大学生学会关心和接纳别人、学会共处、学会做人都有着积极的引导作用，从而促进了学生在心理健康教育方面"助人—自助"的良性循环。

5. 有利于大学生的自我提升和传递心理正能量

在高校培养朋辈心理辅导员，推广朋辈心理互助工作，一方面有助于学生掌握一定的心理咨询知识和技能，改善心理自我调节能力，提高人际沟通、情感交流的能力，从而提高心理素质，实现自我提升；另一方面学生在学习了一定的心理咨询知识和技巧后，学以致用，帮助身边的同学解决心理问题，同时也能使关心别人、接纳别人、与人和谐相处这些良好的心理品质影响到周围的同学，有利于在同学之间传递心理的正能量。

（三）有待进一步解决的问题

1. 注意加强朋辈心理辅导人员的选拔和培养

朋辈心理辅导要求辅导人员具有一定的心理咨询的专业知识和技术，所以对朋辈心理辅导人员的选拔、培养和训练显得尤为重要。在实际操作中，专业心理咨询员可以通过开设有关心理咨询的讲座或课程、举办心理咨询技能培训班、担任学生朋辈辅导组织或社团的顾问、在学生中安排一些联络员等方式物色和培养朋辈心理辅导人员。朋辈心理辅导人员应具备丰富的知识结构、正确的自我概念、积极的人生观、和谐的价值观、完善的人格特征与灵活的技能技巧等品质或特点。

2. 强化朋辈心理辅导人员的职业道德意识

要求朋辈心理辅导人员遵循"职业道德"，不能将求助者的隐私拿出来与别人进行探讨，而且要尽量避免和求助者有工作以外的牵连。

3. 专业心理咨询员和朋辈心理辅导人员需互相配合

专业心理咨询和朋辈心理辅导在咨询问题、目标、要求、方法等方面的层次和深度上存在一定的差异，但是两者并不是相互独立、互不关联的。两者的关系表现在：一方面，专业心理咨询在培训学生咨询骨干、普及心理咨询知识和技巧等方面为朋辈心理辅导提供指导和重要的技术保障；另一方面，朋辈心理辅导反过来促进专业心理咨询的开展，缓解目前学生心理问题较多与专业心理咨询员不足的矛盾，为及早发现和诊治学生心理疾病提供信息和帮助。因此，有必要加强两者之间的联系和协作，共同促进学生身心的健康成长。

四、大学生朋辈心理辅导的培训与评估

高校大学生朋辈心理辅导工作是一个系统工程，包括人员的招聘、培训、选拔、跟踪、管理、督导、评估等环节，其中培训与评估是关键。对朋辈心理辅导人员进行科学有效的培训与评估是开展朋辈心理辅导工作的基础。

（一）大学生朋辈心理辅导员的招募和选拔

1. 朋辈心理辅导人员应该具备的素质

朋辈心理辅导的效果在很大程度上有赖于朋辈心理辅导人员的潜质，因此朋辈心理辅导人员的选拔十分重要。虽然对朋辈心理辅导人员的要求并没有像对专业心理咨询员的要求那么高，但是朋辈心理辅导人员也应该具备以下素质。

1）健康的心理与健全的人格

拥有乐观、积极的人生态度和健全的人格的朋辈心理辅导人员不仅能帮助来访学生将其不良情绪进行过滤，并对自我进行保护，而且其健康的心态也能够感染来访者。

2）热情耐心，真诚负责

朋辈心理辅导人员对来访学生的问题和行为要给予积极的关注和有益的反馈，鼓励来访学生自发地做出反应。朋辈心理辅导过程中要采用共同探讨的方式，并能适当地自我暴露，所以在工作中热情耐心、真诚负责的素质非常重要。

3）诚实可信，宽容接纳

朋辈心理辅导中需要不加批评地讨论问题，保持中立态度，这就要求朋辈心理辅导人员要诚实可信、宽容接纳，充分理解来访学生成长道路上遇到的阻力和障碍，用发展的眼光来看待来访学生。

4）善于倾听，理智分析

若要取得朋辈心理辅导的良好效果，就要求朋辈心理辅导人员能够认真倾听，了解来访学生所述事件的来龙去脉，而不是过早地加入自己的想法和感情，并在辅导的过程中用理智的头脑进行分析和判断。

5）具有一定的心理咨询的专业知识

朋辈心理辅导是一项"助人—自助"的工作，助人技巧会影响到助人目的的实现，这就需要朋辈心理辅导人员要具有一定的有关心理咨询的专业知识和技巧。

另外，朋辈心理辅导人员还应具备帮助他人的意愿、与不同的人相处的能力、乐于履行义务和保守秘密的伦理道德、对计划目标和原则的认同等。

2. 朋辈心理辅导人员的选拔方式

高校在学生中招募、甄选符合以上条件的朋辈心理辅导人员时，应当本着公开的原则，这既有利于扩大招募范围，也有利于对朋辈心理互助活动的宣传和发动。

可以通过广告招募的形式，对报名者进行面试和笔试，从中筛选出适合的人选。面试主要通过谈话的形式，了解报名者的沟通能力、理解能力及是否有过助人经历，考察其是否热衷于帮助他人、是否有爱心及为什么担任朋辈心理辅导员等一些较为直观的问题。笔试主要通过 SCL90、16PF、倾听商数自评量表等的测验及自编问卷，对朋辈辅导员的精神与健康状况、人格特征及倾听能力做评估，最后筛选出心理健康状况良好、乐群性和稳定性较好的学生作为下一步培训的对象。

（二）大学生朋辈心理辅导的培训目标

大学生朋辈心理辅导的培训目标应该是以心理学知识为指导，以受训学生成长为前提，以心理辅导技术为手段，以自助—助人、助人—自助为理念，提倡和形成关爱心灵、珍惜生命的校园风气，使大学生朋辈心理辅导人员能在学校心理健康教育和心理咨询工作中发挥作用，成为学校心理健康工作中的骨干分子，为广大学生的成长和发展贡献一份积极的力量。培训目标一般体现在以下三个维度上。

1. 知识拓展目标

通过理论学习、操作训练和亲身体验，促使大学生能够掌握心理辅导的基本知识与一般技能，能发现和鉴别同学中存在的一般性心理问题和困扰，了解心理治疗的常用方法，具备危机干预的初级能力。

2. 自身成长目标

大学生在培训中能够具有良好的自我形象，澄清自我价值观念，发展自我认知与自我觉察能力，使自信心得到很好的提升，情商得到有效拓展，同理心与共情得到有效唤起，提高感受他人、理解他人、关心与支持他人的能力以及建立人际关系的技巧，以获得长足发展，形成健康、积极向上的心理状态。

3. 在心理健康教育工作中的自身角色定位目标

参加培训的大学生能够理解学生朋辈心理辅导的基本理念，增强对学生朋辈心理辅导员角色的了解与认同，明确主要工作任务和个人能力的局限性。

（三）大学生朋辈心理辅导的培训指导原则

1. 自愿参与原则

由于朋辈心理辅导是义务性的工作，朋辈心理辅导人员应具有热情、真诚地帮助他人的态度，选拔、培训朋辈心理辅导人员时都应本着自愿参与的原则。

2. 培训方式多元化原则

朋辈心理辅导的培训要改变传统单一的灌输方式，综合运用多种培训方式进行。可采取小组或团体培训的形式来开展，充分调动团体的资源以促进朋辈心理辅导员的成长。

3. 理论教学与实践演练相结合原则

朋辈心理辅导是操作性很强的社会活动，单纯的理论教学并不能有效地提高朋辈心理辅导人员的心理辅导能力，必须结合现实的场景和操作才能够完成。在具体的操作中，需初步构建辅导的知识与技能体系，通过讲授、情景模拟、角色扮演等多种途径，结合个案和朋辈心理辅导人员的自身发展来展开，以提高朋辈心理辅导人员的自我认识，增强其对朋辈心理辅导的信心，提高其对朋辈心理辅导意义的理解和志愿服务内在精神价值的认同，以有效完成培训。

（四）大学生朋辈心理辅导员的培训

1. 入职培训

（1）培训方式

可采用互动式教学、情景模拟、团体辅导等方式，教学组织形式宜多运用案例分析、角色扮演、个人体验分享、小组讨论辩论、心理训练、心理测试等。

（2）培训内容

大学生朋辈心理辅导人员的培训内容与培训方法的选择关系到培训效果，间接影响到全校学生心理健康教育各项工作的开展。其内容第一要符合培训目标的要求；第二要让学生能够接受和理解；第三要对学生承担的工作有实际应用价值；第四要有助于学生个人的成长与发展；第五要能激发学生的学习兴趣与自我成长的愿望。

培训内容应包括以下几个方面。

（1）大学生朋辈心理辅导人员所必须具备的基本素养。

培养朋辈心理辅导人员了解和认同这一角色，实现从普通学生向朋辈心理辅导人员的转变与升华。

（2）帮助朋辈心理辅导人员进行自我分析。

由于大学生多处在"第二个自我中心期"，对自身缺乏正确的认识，常表现得过于自卑或过于自大，这些因素不利于开展同龄人的心理辅导工作，因此对朋辈心理辅导人员的第二个培训重点应该是在对自我的探索与自我认识、寻找和澄清自我价值观、唤醒内在同理心、提升共情能力、拓展情商以及无条件接纳与宽容等方面进行辅导和培训，通过理论讲解与体验式训练，促进学生的不断成长与进步。

自助的意识及技巧：包括自我管理技术、自我调控技术。

（3）了解和熟悉常见的心理治疗技巧和常用心理测量工具的使用。

在训练中除理论讲授外，还应通过对不同个案使用不同的治疗技术、对不同问题使用不同的测量工具进行分析，使朋辈心理辅导人员不断掌握和消化这方面的知识，同时让朋辈心理辅导人员自己进行心理问卷的测量，以增强其实际感受和使用心理测量工具的能力。

心理学流派的主要理论及基础心理知识：包括认知学派、行为主义、人本主义、精神分析学派的简单的理论要点以及心理学、教育学基础课程，如人类学习理论、行为的社会及文化因素、发展心理学、社会心理学、生理心理学、学习辅导技术、特殊学生的教育等。

一些职业心理课程：如朋辈心理辅导的任务和职责、职业道德、保密规范、咨询伦理与法律等。

干预技术：利用行为主义的原理的消退与强化技术，降低或提高行为发生的频率；认知疗法中的合理情绪疗法、贝克认知疗法；认知—情感—行为干预技术的系统脱敏法、满罐法、示范法、领悟法、角色扮演等。

（4）校园危机干预。

让朋辈心理辅导人员了解大学生常见心理问题的表现特征和心理危机干预的基本常识，突出讲解校园中应该予以关注的几类学生及其特点，以引起朋辈心理辅导人员重视。在介绍心理危机干预的常识中，重点是指导朋辈心理辅导人员如何应对突发心理事件以及如何进行团体心理辅导。

朋辈心理辅导人员应掌握一定的团体辅导的技能，以便于在学生中开展一些团体心理辅导活动。

心理咨询技巧：包括起始技巧、倾听技巧、分享技巧、诠释技巧。

心理咨询应遵守的规范：保密原则、咨询伦理等。

转介的意识和能力：朋辈心理辅导人员必须认识到自己专业的局限性和自己所能提供的帮助是有限的，在遇到自己力不从心或无法处理的问题时可以做一些转介工作。例如，转介给学校的专业心理老师、寻求更多的社会支持、向有经验的人或者专业人士请教、劝导或建议来访学生向专业机构或专业人士求助等。

2. 不间断的职后培训

在新朋辈心理辅导人员经过培训入职后，继续为他们提供不间断的培训和活动，定期召开"指导老师—朋辈心理辅导人员—学生"见面会，定期召开经验分享会、案例督导会等。

（五）对大学生朋辈心理辅导人员培训实效的体会

大学生朋辈心理辅导人员培训的目的主要是让其将所学的知识和技能尽快地运用到实际工作中，所以对于他们的培训要区别于传统的填鸭式教学，而应采取一种灵活多样的新型培训方式。笔者在培训朋辈心理辅导人员过程中主要有以下几种体会。

1. 重要理论语言尽量生活化

心理学理论知识较多，又较为枯燥，所以培训过程中必须做到将基本理论知识尽量转化为生活化的语言，使参加培训的朋辈心理辅导人员能够理解和吸收，这样才能保证培训的水平和质量。

2. 案例教学与案例分析必不可少

培训中穿插案例教学是保证培训生动活泼、避免枯燥乏味的重要手段，也是加深朋辈心理辅导人员对理论知识的理解和消化的重要环节，特别是对存在于学生身边的典型个案进行分析，更容易让他们直接领悟和感受。

3. 小组讨论与实战模拟相结合

对于朋辈心理辅导工作内容和心理辅导技巧等必备知识和技能的培训，必须进行实战演练，让朋辈心理辅导人员亲自上阵进行实战模拟，这对参与的人员来说是一个考验，对其他学生来说也是一个很好的学习、模仿过程。学生模拟结束之后，要马上进行小组讨论与分享，特别是开放的、坦白的、无条件接纳的讨论与交流非常必要。经过讨论，能消化理论，催化思考，深化认识，学会合作，进而达到自我心理素质的全面提升和对基本知识的掌握。

4. 心理游戏体验训练是关键

进行体验式训练是学生朋辈心理辅导人员培训的亮点。各种体验训练首先能很好地吸引学生的注意力，同时在体验式的过程中，学生积极主动地参与也会让体验培训一次次地达到高潮。在体验式培训过程中，许多学生会惊讶、会流泪、会开怀大笑、会陷入思索、会产生发自内心的感触。这些深刻的体验能改变朋辈心理辅导人员的认知，重新塑造他们的心灵。

（六）对大学生朋辈心理辅导员的检验与评估

评估是对朋辈心理辅导人员的朋辈心理辅导工作的反馈，它对朋辈心理辅导人员既具有激励作用又具有导向作用，能使朋辈心理辅导人员认识到自己工作中的优缺点，并能在以后的工作中自我提高。对经过系统培训的朋辈心理辅导人员进行评估检验是考察培训效果、检验培训质量、衡量培训收获、评估培训收益的重要环节，同时也能为下一次系统培训朋辈心理辅导人员提供资料。

评估要强调平等、理解、互动，体现以人为本的主体性评价的价值取向，强调对朋辈心理辅导人员的各方面的情况进行全面综合考察，不仅要保证评价的客观、准确，要使朋辈心理辅导人员最大限度地接受评价结果，而且要使评价标准逐步内化到日常的朋辈心理辅导行为之中，并在反思中变"结果"为"新起点"，在更高水平上获得发展。

1. 评估可采取的方式

1）总结个人成长的体会

一系列的培训结束以后，以小组为单位进行讨论，让朋辈心理辅导人员充分地表达自己的感受、分享思想和此时此刻的心情，借此检验学生对整个培训的满意程度。同时，学生应对已经掌握的基本理论知识、重点收获、个人的成长与变化等方面进行具体说明，并将个人如何利用自身资源为同学的成长服务、培训对个人今后的生活观念与学习有什么影响、个人的其他感受和最突出的体会等内容以总结的形式上交给进行培训的心理健康教育专职教师，借此检验学生的个人成长与进步。

2）对自己的咨询技能进行评定

朋辈心理辅导人员经过一段时间的培训与实践后，要对自己的朋辈心理辅导技能进行评定，进而对自己有一个清楚的认识，以便进一步自主地、积极地提高工作水平。

3）培训教师给予评价

培训教师根据朋辈心理辅导人员参与培训时的表现、平时成绩、日常实习实践过程中的表现等予以评价。

4）透过个案分析报告看学生的进步

向朋辈心理辅导人员分发个案，要求他们独立地完成对个案的分析。对学生个案分析的评判分为六个维度：①对个案的分析是否准确；②是否能抓住主要问题分析并进行相应归类；③能否说出个案问题的主要特征；④对个案问题的处理方法和手段的选择是否科学合理，并运用所学理论加以说明；⑤能否说明心理辅导的简单操作过程和基本形式，以及应注意的问题；⑥能否预测对个案进行心理辅导后的一般结果，并说明为什么会是这个结果。学生通过学习对个案进行六个维度的分析后，应用到日常的案例处理中，这将有利于开展日常朋辈心理辅导工作。

2.通过试卷考核方式评估培训效果

试卷考核主要包括对基本理论、基本辅导技巧等方面必备知识的考核，还可以通过平时的自我概念分析、自信心评估、同学互助评议等方法对学生的成长与提高进行评估。

朋辈心理辅导是一种实施方便、推广性强、见效快的助人模式，是对专业心理咨询的必要和有效的补充，对维护学生心理健康、减少校园危机起着重要作用。实践表明，经过培训，朋辈心理辅导人员对朋辈心理辅导的胜任力、自我效能感和健康水平均有显著提高。这说明培训能取得良好的效果，朋辈心理辅导培训是有效的。也就是说，建立和完善朋辈心理辅导人员的选拔、培训和评估机制是学校朋辈心理辅导工作的关键，是朋辈心理辅导工作取得实效的重要保障，也是提高朋辈心理辅导人员的心理辅导水平和促进个人成长的有效措施。

第四章　大学生心理咨询理论

心理咨询是咨询师协助求助者解决各类心理问题的过程。对于心理障碍而言，存在不同类型的治疗方法。接下来，我们就了解一下心理咨询的一些方法和原则，并对心理咨询领域目前主要的治疗学派——精神分析学派、行为主义学派、人本主义学派以及认知主义学派的不同咨询方法进行探讨，同时也对每种咨询方法分别进行评价。

第一节　大学生心理咨询理论概述

一、心理咨询的含义、作用与意义

（一）心理咨询的含义

心理咨询（counseling）的词来源于拉丁语的consilium（会议、考虑、忠告、谈话、智慧）和古法语的conseiller（拉丁语consiliari，商谈）。现在从形式上，心理咨询仍继承着词源的原义。counseling虽然被译为心理咨询，但未必能够准确地表达其真正的含义。因为心理咨询时而被广义、时而被狭义地给予解释。广义的心理咨询往往包括心理咨询和心理治疗，有时心理检查、心理测验也被列入心理咨询的范围。狭义的心理咨询则不包括心理治疗和心理检查、心理测验，只局限于咨访双方通过面谈、书信和电话等手段向求询者提供心理援助和咨询帮助。

如果只用一句话给心理咨询下定义，那就是：心理咨询是指咨询师协助求助者解决各类心理问题的过程。如果更全面一点，心理咨询的概念可表述为：咨询师运用心理学的原理、心理科学的理论和方法，帮助求助者发现自身的问题和根源，从而用一定的方法、技术，协助其维护、增进身心健康，挖掘求助者本身潜在的能力，改变原有的认知结构和行为模式，以提高其对生活的适应性和调节周围环境的能力，促进其人格发展和潜能开发的过程。当然，心理咨询也可以这么解释：心理咨询就是采用一些相对便捷或称为专业的方式，与当事人一起去探索其心灵，感受真我，发现谜底，获得成长、成功的力量。因为心理咨询是一种心灵的对话，所以在这一时空中，你可以逐层退下繁重的装束，可以放心地、没有干扰地去审视自己，去思考自己，不会遭到嘲笑，不必忍受评价，有的只是倾听、关注、同感与挑战。

1. 心理咨询这一定义需要把握的要点

（1）心理咨询是一个过程，有一系列的步骤，并且需要多次进行，往往不是一次咨询就能解决所有困惑和问题的。

（2）心理咨询是一种关系，是咨询者和来访者之间关系的建立，这是一种特殊的人际关系，需要以认同、尊重和真诚为基础，咨询师与来访者既需要相互影响和相互作用，同时咨询师又需要保持中立态度，来访者的主动参与和积极配合也十分重要。

（3）心理咨询是一种专业性活动，需要在心理学理论的指导下进行，它绝不是一般的聊天和谈话，而是一项严肃认真的工作，咨询师必须受过一定的专业训练。

（4）心理咨询的最终目的在于促进来访者的健康成长和良好发展，而不是简单的同情、安慰、劝导、批评或提出建议，也不单纯是帮助他人解决一般问题，更主要的是培养来访者独立思考和有效决策与行动的自助能力。因此，助人自助才是心理咨询的最终目标。

2. 心理咨询的要素

心理咨询的基本要素包括咨询主体、咨询客体、咨询手段、咨询目的。

（1）咨询主体

咨询主体就是通常所说的心理咨询者、心理咨询师等从事心理咨询的专业人员。只有经过心理学、医学等方面训练的咨询师、心理医生才能成为心理咨询的主体。

（2）咨询客体

咨询客体是指接受心理咨询的人，也就是通常所说的来访者。咨询客体的范围很广，既包括有心理障碍和心理疾病的人，也包括正常人。

（3）咨询手段

心理咨询的手段主要有语言、文字、表情、姿势以及一些仪器设备等。在具体的应用过程中，通常是多种手段的综合运用，而不是单一的。

（4）咨询目的

心理咨询的目的是提高咨询客体的心理素质，增进其身心健康，减少或避免其消极情绪、消极行为的发生。

（二）心理咨询的作用

有人提出这些问题："心理咨询有用吗？心理咨询不就是和心理医生聊聊天么？怎么社会上心理咨询要收那么多钱呢（当然我国高校里对师生的心理咨询提供的是业务免费服务）？心理咨询能帮我解决我的问题和苦恼吗？心理医生是什么样的背景？他有能力帮助我吗？"这些问题代表了相当多的人对心理咨询的认识。

当生活的节奏越来越快，生活的压力越来越大，大学生之间的心理距离越来越大时，就会遇到越来越多的问题，他们承载着前所未有的压力。这就产生了一种需要，需要有人能够关心一下人们内心的感受，需要一个专业的医生能够帮他们摆脱困境。例如，现在正在忍受着失眠的困扰，或者被无法控制的恶劣情绪所包围，或者被一种孤独无助感所充满，或者被恋爱问题搞得焦头烂额，或者被孩子搞得束手无策，或者在工作中迷失了方向，等等，这时候，人们需要一种专业的帮助和指导，需要一双聆听的耳朵，需要一个安全舒适的地方来打开自己的内心，将那压抑和积压已久的事情倾诉出来。

纷乱的内心需要梳理和重新完善，以便以后能够更好地生活，所以心理咨询行业应运而生，心理医生如雨后春笋般地出现在人们的生活中。整个心理咨询行业一直致力于怎样更好地帮助人们解决学习、工作和生活中的各种问题。

心理咨询的作用大致可分为以下几种。

1. 倾诉心声

倾诉是人的一种心理需要，它能帮你缓解心理压力，这是分析和解决问题的前提。朋友、同学、亲人都可以成为倾听心声的人，但也有不方便、不适宜的时候。而与自己没有亲缘、利害关系的心理咨询师能耐心地倾听你的诉说，并且有心理学的专业知识，能帮你分析问题、排忧解难。

2. 辨明问题

人的心理问题有各种类型和性质，其中许多并非心理疾病，它们是在纷繁复杂的社会生活中引发的。心理咨询是和求助者一起去分析所面临问题的实质，发现引起问题的原因，辨明问题解决的思路和方法。

3. 磋商对策

当一个人处于生活的漩涡之中时，在精神压力的重负下，思路常常会被堵塞。而咨询师处于旁观者的角色，他的头脑冷静，思路较为开阔，能为求助者提出一些合理化的参考建议，帮助求助者打开思路。

4. 纠正错误观念

求助者通常确信他们十分清楚自己需要什么和正在干什么，而实际上并非如此，而是常常会以种种非理性观念进行自我欺骗。心理咨询促使他们对自己的错误观念进行认真思考、甄别，代之以更准确的理性观念。

5. 平衡情绪

心理咨询通过给求助者宣泄压抑情绪的机会，帮他们辨明自己面临的问题的性质并且磋商解决问题的对策，使他们紧绷的情绪得到缓解，心态也随之得到平衡。

6. 深化求助者的自我认识

心理咨询师引导求助者进行自我探索，当他们真正认识了自己时，也就认识了自己的需要、价值观、态度、动机、长处和短处，而一旦认识了自己，就可以随时根据自己的情况规划自己的人生。

7. 帮助求助者做出新的有效行动

只有协助求助者采取合理而有效的行动，才能减少其内心的烦恼。心理问题的要害不在于求助者控制不住自己的思想和情欲，而在于求助者不能通过有效行动去改变或满足自己的情欲。控制思想和情欲很难，控制行为比较容易，因此我们可以选择容易的先去做。

8. 促进成长

学校心理咨询的性质属于发展性咨询，目的在于助人健康成长、成才，即不仅要帮求助者正确地处理好当前的问题，更要通过正确处理当前的问题来提高他们的认知水平，增强他们的自信心，发展和完善其人格。

但是心理咨询在很多时候对人们的问题又是无能为力的。例如，如果求助者有了严重的精神障碍或者精神疾病，这时就不能够指望心理咨询来解决问题了，而是应该尽早去神经内科或者精神科去寻求治疗。除此之外，人的内心世界太博大了，而心理咨询师往往只能熟悉其中的某些领域，所以不能指望在某个咨询师那儿解决所有的心理问题。求助者在寻求心理咨询师的帮助时，应该先确定能够对症解决自身问题的心理咨询师，这样才能真正对他们进行有效的帮助。

（三）心理咨询的意义

心理咨询作为一门新兴学科，与大学教育活动相结合，逐渐成为高等教育中不可忽略的组成部分，对大学生个体的健康成长有着重要的意义。

1. 心理咨询有助于学生积极、有效地面对现实

心理咨询能够让学生更全面、客观地认识自己和现实，对于面临的问题会积极通过改善自己的方式去应对，从而更加积极、有效地面对现实。

2. 心理咨询有助于提高学生的心理健康水平

心理咨询是一项直接服务于每个学生的经常性活动，有助于及时了解学生身心发展存在的各种问题，了解学生身心发展的影响因素，帮助学生客观地认识自己的身心健康现状和发展水平，从而提高学生的心理健康水平，帮助学生顺利实现身心发展。

3. 心理咨询有助于学生认识自身问题的根源

通过心理咨询，那些心理正常和有轻微心理疾患的学生能够正确认识到自身面临的尚未解决的内部冲突对自己身心发展的影响，认识到了问题的根源，才能从根本上解决问题，健康成长。

4. 心理咨询有助于学生深化自我认识

心理咨询能够帮助学生深化对自我的认识，纠正学生的不适应行为，为学生提供改变自我、完善自我、发展自我的机会。

二、大学生心理咨询的过程

大学生心理咨询的一般过程主要包括建立人际关系、收集信息、心理诊断、实施指导和咨询结束五个步骤，具体如下。

（一）建立人际关系

大学生心理咨询的第一步就是咨询双方建立平等、相互信赖的关系，这一步是心理咨询取得成功的先决条件，也贯穿于整个咨询过程的始终。咨询人员不能将自己视为高人一等的专家，而应该以平等的身份热情、友善、诚恳地对待来访者；来访者要将咨询者看作可以信赖、对自己有帮助而又无威胁的人，这样才能尽情地向咨询者倾诉自己的心理问题。

（二）收集信息

大学生心理咨询的第二步是收集信息，这是为心理诊断和心理治疗提供重要依据的一步。所收集的信息主要包括来访者的具体情况，咨询者可以通过了解来访者的基本情况、了解来访者的心理问题和需求这两个方面来收集信息。来访者的基本情况主要包括来访者的姓名、性别、年龄、民族、兴趣爱好、性格特征、文化程度、睡眠状况、健康状况、社会文化背景、偶像人物等。来访者的心理问题和需求主要包括来访者的学习、工作和生活的适应问题、认知发展问题、个性发展问题、行为品德问题、情绪困扰问题、人际交往和冲突问题、升学或职业选择问题、心理障碍、心理疾病等问题，以及来访者本人对自己的问题有无明确的意识、希望得到何种帮助的需求等。

（三）心理诊断

大学生心理咨询的第三步是心理诊断。通过诊断，咨询者才能确定来访者存在的心理问题的类型、性质、程度及产生的原因，为下一步解决问题提供条件。

（四）实施指导

大学生心理咨询的第四步是实施指导，这是心理咨询最重要的阶段。大学生心理咨询在实施指导时，应根据来访者的症状程度采取最佳的治疗方法进行相应的指导，使来访者形成健康心理。如果心理咨询师对于治疗咨询客体没有很大把握，就应该将来访者及时转诊，以免错过了最佳的治疗时机。

（五）咨询结束

一旦心理咨询师的指导措施产生了效果，来访者的咨询见效时，心理咨询就结束了。在来访者离开之前，咨询师应嘱咐来访者以后要注意的问题，如果来访者主动谈收获、领悟和以后的打算，咨询师应积极鼓励，增强来访者的信心。此外，咨询师还应对来访者进行追踪调查，获取进展信息，并适当调整咨询目标和解决问题的策略，确保之后咨询工作的成果。

值得注意的是，大学生心理咨询的各个步骤不是截然分开的，它们彼此联系、相互交叉衔接、循环交替进行。

三、大学生心理咨询的原则

大学生心理咨询遵循的原则主要有保密性原则、预防与治疗相结合原则、客观性原则、系统性原则、发展性原则、教育性原则。

（一）保密性原则

大学生心理咨询的保密性原则是指心理咨询人员不能将来访者的心理问题、彼此谈话内容随便公开，来访者的名誉和隐私应受到道义上的维护和法律上的保证。严格遵守保密性原则是大学生心理咨询的一条基本原则。

（二）预防与治疗相结合原则

大学生心理咨询要遵循预防与治疗相结合的原则，以预防为主，防重于治，一方面要对来访者进行心理疏导和教育，另一方面又要对其进行心理治疗，提高其心理健康水平。

（三）客观性原则

大学生心理咨询要遵循客观性原则，即咨询人员要客观、实事求是地对待来访者的心理现象，咨询对象要以认真、诚实的态度配合咨询工作。

（四）系统性原则

在大学生心理咨询中，咨询人员要坚持系统、整体的观点，对人的心理进行多层次、多因素的系统分析，对各种心理现象及其形成的因素之间的相互作用进行整合的研究，不能片面，这就是系统性原则的具体要求。

（五）发展性原则

世界上的一切事物都处于变化发展中，这就要求大学生心理咨询要遵循发展性原则，咨询人员要以发展的眼光来看待来访者的心理问题和心理疾病，为来访者指明心理发展的方向。

（六）教育性原则

心理咨询以教育为最高目标，把心理教育作为教书育人的整个系统的一个重要环节，这就要求大学生心理咨询要遵守教育性原则，要将心理教育、心理咨询、心理治疗相结合，帮助大学生克服心理障碍，提高大学生的心理健康水平。

四、大学生心理咨询的方法

大学生心理咨询的主要方法有信件咨询、电话咨询、现场咨询、门诊咨询、网络咨询等，具体如下。

（一）信件咨询

所谓信件咨询，就是指心理咨询人员以通信的方式解答大学生提出的心理问题，为其提供指导。这一方法简便易行、私密性强、涉及面广、不受时空限制，但咨询人员与大学生没有面对面交流，不能深入了解大学生的心理状况，只能给出原则性的指导意见，咨询效果得不到保证。

（二）电话咨询

所谓电话咨询，就是指心理咨询人员通过电话对有心理问题的大学生进行劝告、安慰和指导。这一方法迅速、及时，但通话时间有限，传递信息也有限，咨询人员如果不能取得有心理问题的大学生的信任，就难以控制局面，咨询效果得不到保证。

（三）现场咨询

所谓现场咨询，就是指心理咨询人员到有心理问题的大学生的宿舍或家里为其提供服务。这一方法能及时收集到第一手的客观资料，但在我国实行还有一定的难度，尚待大力倡导。

（四）门诊咨询

所谓门诊咨询，就是指心理咨询人员与有心理问题的大学生面对面交谈，详细了解、分析其心理问题。这一方法针对性强、了解信息全面、亲切自如、保密性好，是一种首选的心理咨询方法；但要求心理咨询人员要有心理学、咨询心理学、医学和临床医学方面的知识，能够将心理咨询与心理治疗同步进行。

（五）网络咨询

所谓网络咨询，就是指心理咨询人员通过网络对有心理问题的大学生进行安慰、解答和指导。这一方法便于大学生真正毫无顾忌地倾诉自己的隐私、暴露自己的问题，也便于心理咨询人员全程记录咨询过程，从而反复思考、温习，还可以凭借行之有效的软件程序评估、测量大学生的心理问题，并具有极强的保密性、隐蔽性、快捷性及实时性；但双方的真实身份不便识别，并且可能存在因信息交流不充分而引起误会、投射作用等问题，需要咨询人员进一步研究和思考。

第二节　精神分析咨询理论

精神分析学派是奥地利精神科医生弗洛伊德于 19 世纪末 20 世纪初创立的，精神分析理论是现代心理学的奠基石。

一、精神分析概述

经典的精神分析理论从心理冲突这一观点来看待人的本性，认为人的一生充满了各种冲突，冲突理论是精神分析理论的一大支柱，认为人本身即是一个冲突的矛盾体。人在生活中的各种冲突如果不能顺利解决，就会导致各种神经症状的出现。精神分析治疗就是从这方面着手，找出导致各种症状的冲突，帮助患者顺利解决，从而达到治愈的目的。

（一）精神分析学的形成

精神分析学理论是弗洛伊德在长期对精神病人的诊治过程中逐步形成的。弗洛伊德从维也纳大学医学院毕业后，先是留校一边从事研究工作，一边担任大学助教；后因经济原因，就改行做了专职医生，在这期间的医学实践为其创立精神分析学奠定了基础，并为他日后所开展的精神分析工作提供了丰富的实践经验。

在弗洛伊德和神经病学专家沙可一起致力于研究女性的歇斯底里病症时，他首创了被称为"自由联想法"的心理疗法，即让患者躺在床上，通过催眠术让患者进入无意识的状态并与其进行交谈，让病人把被压抑的并且引起其异常行为的原因回忆起来，从而宣泄其内在的苦楚，使病人得到康复。在这个过程中，他第一次看到了催眠术的神奇功能和精神刺激对于身体的控制作用，以致人的肉体可以不自觉地、无意识地接受精神刺激的摆布。在此基础上，弗洛伊德便开始思考无意识存在的可能性，而这种所谓的无意识所起的作用与有意识的思考有着本质的区别，于是对于这种无意识的精神现象的深入研究成为弗洛伊德精神分析学的出发点之一。

沙可（1825—1893）是法国解剖学及神经学专家。1878 年沙可主办学术大会，主张催眠是一门真实的学说，热心推动磁场理论的催眠科学研究，沙可的主张在全欧洲产生了轰动效应，被称为巴黎学派。

在临床研究的基础上，弗洛伊德提出了无意识和心理结构学说，他否定了传统心理学"心理的即意识的"的观念，把人的心理结构划分为意识、前意识和潜意识三个层面，并认为潜意识才是心理学的主要研究对象。弗洛伊德认为，人的心理过程主要是潜意识的，它往往代表了人类更深层、更本能、更原始的心理能量。

弗洛伊德还在对临床试验病人的观察中发现，多数精神病的原因是病人在童年时所遭受的创伤经验，大多与性有关。于是，他把潜意识主要归结为性本能，创立了泛性欲学说。他提出了由于人的性本能被压抑包裹在潜意识里所生成的巨大心理能量，即力比多"，它将成为人类一切活动的真正内在原动力。"力比多"总是维持在一种令人舒适的紧张状态。"力比多"增加就会导致精神焦虑，必须用各种方式加以释放。

弗洛伊德在结合了无意识理论和泛性欲学说的基础上，还找到了一条通往无意识的曲径——梦，并由此开始了他对梦的解析的探索。最初，弗洛伊德是为了更好地研究精神病症而开始触及对梦的关注的，他发现精神病人在接受精神分析治疗时，谈到自己的病症常常会一并提到自己的梦，因此弗洛伊德认为梦本身也具有精神病症的意义，可以成为精神分析的对象。

（二）精神分析的发展

时至今日，精神分析已有百年的历史，它的理论并没有僵化，而是一直在发展和变化。到目前为止，精神分析在理论研究上大体经历了三个发展阶段。

第一阶段是指早期的精神分析，习惯上又称为经典精神分析，主要包括弗洛伊德本人的理论，以及他的两个弟子阿德勒和荣格在理论上与他的分歧与分裂。

第二阶段是指二战后，精神分析从欧洲转到了美国后，一些精神分析学家又在新的社会条件下对弗洛伊德的理论和方法进行修正和扩充，主要包括精神分析的自我心理学与精神分析的社会文化学派的对峙。

第三阶段是指 1957 年至今，精神分析的对象关系理论和自我心理学的发展使精神分析又进入了一个新的繁荣发展时期。

（三）精神分析学的精神实质

弗洛伊德的精神分析学从创立至今，经历了百年的发展和演变。后人对弗洛伊德的理论提出了质疑，并进行了修改和补充，但其中关于精神分析的精神实质却始终未变。

1. 肯定潜意识的存在

精神分析学说的研究着重于人的心理的潜意识、非理性领域。该学说的核心和基石便是潜意识。作为一种关于潜意识的学说，精神分析学始终肯定潜意识的存在，只不过不同的学派对潜意识的来源、机能等的解释各不相同。

2. 心理动力学观点

精神分析学的心理动力学观点认为，人的行为是由人本身所具有的内部动力系统支配的。不同的学派对内部动力的来源和本质的解释是有区别的，但是他们都承认有一个基本力量推动人自身的发展。

3. 重视临床实践，强调理论和知识的实践功能

我们知道，弗洛伊德的精神分析学最初并不是作为心理学的分支发展起来的，而是根源于精神病的临床治疗实践，从医学的精神病学领域衍延出来的。弗洛伊德、荣格、阿德勒和弗洛姆等精神分析学家都是从事精神病治疗的医生，而且终生舍不得离开自己的医疗实践活动。精神病治疗实践活动给精神分析学家们提供了最有效的观察场所和实验基地，精神分析学的某些思想和假说都有其深厚的科学前提和实践基础。

4. 对儿童早期经验的重视

精神分析理论都强调童年经验的重要性，认为早年的母子关系对儿童的一生有重大影响。个人生活的不幸可以在其过去的经验尤其是童年时期的经验中寻找根源，即大多数心理疾病患者，究其病因往往都可追溯到他童年时的环境和教育因素。

5. 强调认识对象的主动特征

精神分析学在具体的研究过程中不像实证主义心理学那样把对象仅仅看作被动的客体，而是看作须与其进行沟通合作的另一方。精神分析注重治疗者的作用，强调治疗者对患者的心理疾病原因的探索、挖掘，但同时也不忽视患者的作用，争取患者的积极配合。因此，可以说精神分析学对对象在研究过程中的主动特征给予了充分的认识和强调，从精神分析学派的心理治疗理论和方法我们就可以发现这一点。

二、精神分析咨询理论

（一）心理结构理论

该理论阐述人的心理活动，包括欲望、冲动、思维、幻想、判断、决定、情感等，会在不同的意识层次里发生和进行。弗洛伊德认为，人的心理分为潜意识、前意识和意识三个层次，就好像存在的深浅不同的地壳层次。

1. 潜意识（unconsciousness）

潜意识是指个人不可能觉察的心理现象，但对个人的思想和行为影响极大。其特点为无矛盾性、无时间性、无是非性、非现实性和最具活力与能量。

人们对自己的一些行为的真正原因和动机不能意识到，其中包含一些不符合社会道德规范或者个人生活准则的原始欲望；早期被压抑的愿望、被压抑的童年经历与事件；来自种族天赋遗传的经验，人们在清醒的意识下还有潜在的心理活动在进行着。

潜意识会在检查功能弱的情况下，如梦中浮现并获得满足；也会通过口误、笔误、一些神经症症状等表现出来。

2. 前意识（preconsciousness）

前意识介于意识与无意识之间，存储近期经历的内容，是处于注意范围之外的意识成分。一些不愉快或痛苦的感觉、意念、回忆常被压存在这个层次。一般情况下，前意识不会被个体所觉察，但当个体的控制能力松懈时，如醉酒、催眠状态或梦境中，偶尔会暂时

出现在意识层次里，让个体觉察到，是我们加以注意就能觉察到的心理内容。它的主要作用是检查。

3. 意识（consciousness）

意识是可以直接感知到的有关的心理部分，由个人当前觉知到的心理内容组成，具有逻辑性、时空规定性和现实性。这一部分在弗洛伊德的理论中不是很重要，只是一个人心理活动有限的外显部分。弗洛伊德曾做过这样的比喻，认为心理活动的意识部分好比冰山露在海洋面上的小小山尖，而无意识则是海洋面下边那看不见的巨大部分。

4. 意识、前意识与潜意识三者间的关系。

前意识与意识之间有界限却可逾越，因而前意识之中的内容与意识之中的内容的相互转换非常容易。但是，潜意识部分的东西要进入意识中则非常困难。

潜意识心理是不能轻易回忆起来并到达意识领域的，但可以影响人的行为，如强迫性洗手的患者。

（二）人格结构理论

弗洛伊德将人格的结构分为"本我""自我""超我"三个部分。

1. 本我（id）

本我是人格中最原始、最模糊和最不易把握的部分，它是由一切与生俱来的本能冲动组成的。弗洛伊德认为，本我是一个原始的、与生俱来的和非组织性的结构，它是人出生时人格的唯一成分，也是建立人格的基础。本我过程是无意识的，是人格中模糊而不可即的部分，我们对它几乎什么都不知道。不过，只要当一个人有冲动的行为时，那就是本我在起作用。

本我所具有的特性可概括为：它是无意识的、无理性的，要求无条件地得到满足，只遵循快乐原则；它是一切本能冲动后面的贮藏库；它收容了一切被压抑的东西，并保存有遗传下来的种族性质。弗洛伊德认为，婴儿的人格结构完全属于本我。

2. 自我（ego）

自我是现实化了的本能，是在现实的反复实践中，从本我分化出来的一部分。弗洛伊德认为，无意识结构部分的"本我"不能直接地接触现实世界，为了促进个体与现实世界的交互作用，必须通过"自我"个体随着年龄的增长，逐渐学会了不能凭冲动随心所欲，他们逐步考虑后果，考虑现实的作用，这就是"自我"。因此，"自我"既是从"本我"中发展出来的，又是"本我"与外部世界的中介。

自我具有这样的特性：它是从本我中分化出来的，一部分是无意识的，一部分是意识的，而其主要为意识的；它合乎逻辑，受现实原则支配；对本我之中的东西有检查权，防止被压抑的东西扰乱意识；它还要在超我的指导下，按外部现实的条件，去驾驭本我的要求。就这样，自我可以说同时在侍奉三个严厉的主人——超我、本我和现实。

3. 超我（superego）

超我是从自我发展起来的一部分，是道德化了的自我。弗洛伊德认为，假如人格中仅有本我和自我这两个结构部分，那么人就将成为快乐主义和兽欲主义的有机体，当人处于一种需要状态时，他就会从合适的环境对象中寻求对需要的直接满足。然而人格中还存在着使情况变得更加复杂的第三个结构部分，即超我。由于超我永无止境地追求完美，所以它同本我一样是非现实的，它经常批评本我、谴责自我。自我服从超我的强制规则，它不仅必须寻找满足本我需要的事物，而且还必须考虑到所寻找的事物不能违反超我的价值观。

超我的特性是：从自我中分化而来，大部分是无意识的。它是父母权威的内化，执行父母早年的职责（亦被认为是遵循至善原则）；可分为自我理想——确定道德行为的标准和良心——对违反道德标准的行为进行惩罚；其主要作用是监督和控制自我。

（三）心理动力理论

心理动力理论是精神分析理论的核心内容。弗洛伊德认为，人的精神活动能量来源于本能，本能是推动个体行为的内在动力。人类最基本的本能有两类：一类是生的本能，生的本能包括性欲本能与个体生存本能，其目的是保持种族繁衍与个体生存；另一类是死亡本能或攻击本能。

弗洛伊德认为，人被压抑的欲望以性欲为主，性的后面有一种潜在的力量促使人去寻求一种不受约束的快乐或快感，他称之为"力比多"。他认为，"力比多"是类似于物理能、化学能的一种心理能量，虽不可对其测量和观察，但它同样服从物理学、化学的规律。"力比多"是人的本能能量，是人做出一切行为和人格发展的原动力，个体人格的形成与发展与性欲有密切关系。这里需要说明，弗洛伊德所谓的性冲动中的性有别于生理学和解剖学意义上的性，也不是指以生殖为目的的狭义的性生活，而是一种广泛意义上的性，是一种更广泛的肉体能力，首先以快感为目标，其次才为生殖服务。因此，弗洛伊德的性通常是指含义极为模糊的词语"爱"所指的那些冲动。

关于性本能与"力比多"之间的关系，弗洛伊德在不同时期有不同的论述。弗洛伊德前期主张人有两种基本本能，即生本能与性本能。生本能是生物体的自我保存本能，性本能则是生物体延续种族的本能。弗洛伊德把对性欲对象投注的能力称为"力比多"，而把来自于自我保存本能的其他投注称为"兴趣"。可见，"力比多"含有性的意味，而"兴趣"与性无关，而且"力比多"与性本能是等同的概念。在后期，弗洛伊德又提出了死亡本能假说，即生物体趋向死亡、重返无机界的本能。同时为了保持二元对称的原则，弗洛伊德把前期提出的生本能与性本能合称为生本能。这样，弗洛伊德的本能论就从生本能与性本能的二元论发展到生本能与死本能的二元论。从这一发展过程可知，后期的本能论在内容上包含了前期的本能论。

（四）心理发展理论

心理发展理论是弗洛伊德心理动力理论的延伸，即对心理动力的动态表述。弗洛伊德认为，"力比多"这种机能不是一经发生就有最后的形式，也不是遵循着它的最初形式的途径而扩大起来，而是经过一系列各不相同的形象。这些不同的形象即是"力比多"的发展，可以分为以下几个阶段。

1. 口腔期（0~1岁）

口腔期欲望若未能满足，成人就会有过度口腔需求现象，如过度的贪吃、抽烟、喝酒、说话；若未满足咬的欲望，成人则会有过度口腔侵略行为，如批评、讽刺行为。

2. 肛门期（1~3岁）

肛门期通过体验粪便的保持和排泄而得到一种快感，如触弄或玩弄大便。在父母训练孩子排便时，孩子往往和父母形成一种对抗情绪，他们采用"保存"和"驱逐"来对抗父母，他们的反抗主要通过在适当时机禁止排便，而在不适当时机却进行排便这种方式进行，试图用这种方式来控制他人。肛门性格分为两类：肛门保护型——表现为整洁、小气，做事有条理；肛门驱逐型——表现为不洁净、大方，做事缺乏条理。

3. 性蕾期（3~6岁）

性蕾期抚摩和玩弄阴茎或阴蒂产生快感。性蕾期的男性往往做事不考虑后果，而且非常自信，过高评价自己性器的价值，并力图证明他是一个真正的男子汉，因此常常自负、自夸。性蕾期的女性会出现"受阻女性综合征"，她们力求在多方面都优于男子，并且去寻找典型的男性职业，而且她们对谴责、诋毁男人很感兴趣。

4. 潜伏期（6~12岁）

"力比多"被压抑，孩子失去对与性相联系的活动的兴趣，把能量运用于其他方面，如学校、朋友、体育运动和其他爱好之中；在学校，他们把自己局限在男生或女生堆中，故称之为潜伏期。

5. 生殖期（12岁以后）

这一阶段起于青春期，贯穿于整个成年期，性欲逐渐转向异性。弗洛伊德认为，性心理的发展过程如不能顺利地进行，停滞在某一发展阶段，即发生固着；或在个体受到挫折后，从高级的发展阶段倒退到某一低级的发展阶段，即产生了退行，就可能导致心理的异常，成为各种精神病产生的根源。

（五）适应理论

弗洛伊德认为，人的本能要得以实现，必须经过不懈的努力形成不同的应对。两种本能的应对经历构成人类的两种基本应对方式。

1. 变相宣泄

我们知道，性本能的活动与发展是在每一个阶段上与自我不断周旋中进行的，是在自我的监督、控制中度过的，所以本我必然练就一套"应对的功夫"，甚至不惜改变存在或表达自己的模式，以求自己得到满足。弗洛伊德在《梦》这一著作中，对这类应对做了详尽的解释。他所谓的"隐性梦"就是性本能的应对方式之变相宣泄。当然，若不能宣泄，就可能形成神经症焦虑。

2. 自我防御

在个体发展中，随时都要维护个体的安全，他对现实中一切危害生命的危险必须及时予以反应，以尽自己的职守。这类应对是与人的认识能力有关的。对环境的了解程度可以影响反应的强度，制约着应对的方式。在发现危险信号时，会形成真实焦虑，这是应对的开端。

焦虑是弗洛伊德确立适应观点的重要概念，是一种由紧张、不安、焦急、忧虑、惊恐等感受交织在一起的情绪体验，是指本我和超我之间以及本我和现实之间的矛盾和冲突。根据产生根源的不同，可以将焦虑分为现实性焦虑、神经症性焦虑和道德性焦虑。

当自我把焦虑当成一种危险或不愉快的信号时，就会做出反应，形成防御机制。所谓防御机制，就是自我在承受本我的欲望压力时，同时又顾及现实要求的压力，在这种情况下，自我便渐渐形成了一种功能，这种功能可以使人们在不知不觉中用一定的方式调整自我欲望与现实之间的矛盾。防御机制包括压抑、投射、转换、反向、合理化、升华和转移等。

（1）压抑（Depression），是指把超我不允许的欲望和动机在不知不觉中抑制到无意识之中，使自己意识不到其存在，也就感觉不到焦虑和痛苦。这是最基本的防御机制。例如，被压抑的记忆。

（2）升华（Sublimation），是指把为社会不能接受的冲动的能量转化为建设性的活动能量。这是心理防御机制中最为积极的形式。

（3）替代（Displacement），是指把对某事物的强烈感情不自觉地转移到另一事物上。例如，替罪羊、迁怒。

（4）否认（Denial），是指拒绝承认使人感到焦虑和痛苦的事件，似乎其根本未发生过。常用语言为"这不可能""绝对不会"等。与压抑不同，否认不是说不记得了，而是坚持某些事不是真实的。

（5）反向形成（Reaction formation），是指通过认同相反的态度和行为类型，把它们作为屏障，以防止危险欲望的表达。

（6）理智化（Intellectualization），是指用抽象的、理智的方式处理压力情境以获得超脱。

（7）投射（Projection），是指把自己的不良动机或恶意投射到别人身上，断言别人有此动机，以免除自我责备的痛苦。

（8）合理化（Rationalization），不是指"合乎理性的行为"，而是指为我们所做的事赋予符合逻辑的或为社会所欢迎的动机，以便我们所做的事看起来是合情合理的，是一种酸葡萄心理。当人们得不到自己希望的东西时，内心会相当失望和沮丧，有人会刻意贬低自己过去追求的东西。这就是酸葡萄心理。

第三节　行为主义咨询理论

　　精神分析学派主要关注咨询者的内部原因，而行为主义学派关注的是可以观测到的人的外部行为。行为主义的咨询师主张异常行为如同正常行为一样是习得的，即通过基本的条件作用原理和学习原理学习到的。行为主义咨询主张应用条件作用原理和强化原理去矫正那些与心理障碍相联系的非适应性的行为模式。为什么有些个体在面对无害的刺激时会非常焦虑？怎么帮助那些强迫症患者呢？下面就让我们看一下行为主义咨询的治疗方法。

　　行为治疗一词最早是由斯金纳（Skinner）等人于 1954 年提出的。行为主义的研究早在弗洛伊德进行心理分析的研究时就已开始，但行为治疗的发展却是 20 世纪 50 年代末至 60 年代初的事情。不过，在较短时间内行为治疗已发展成为当今世界上最重要的心理治疗方法之一。

　　艾森克（Hans J.Eysenck，1916—1997）是英国心理学家，主要从事人格、智力、行为遗传学和行为理论等方面的研究。他主张从自然科学的角度看待心理学，把人看作一个生物性和社会性的有机体。在人格问题研究中，艾森克用因素分析法提出了神经质、内倾性—外倾性以及精神质三维特征的理论。

　　行为治疗与心理分析不同，它从一开始就是植根于实验发现之中的。行为治疗的基本理论主要来自行为主义的学习原理，其主要包括三个部分：经典的条件反射原理、操作条件作用原理和模仿学习原理。其理论及治疗方面的主要代表人物早期有巴甫洛夫、华生（Watson）和斯金纳，后来有沃尔普（Wolpe）、艾森克（Eysenck）和班杜拉（Bandura）等。

一、经典的条件反射原理

（一）巴甫洛夫的经典条件反射

　　巴甫洛夫在实验室中研究狗的消化过程时，无意中发现了经典的条件作用（classical conditioning）。他注意到，狗不仅仅是在食物出现时流唾液，而且在与食物出现有关的任何其他刺激物单独出现时也流唾液。

　　巴甫洛夫在实验室里用皮带把狗固定在隔间室的食物台前，用漏斗和皮管从经过外科手术处理的狗的唾液腺口处收集唾液。当给狗吃东西时，狗会分泌唾液，巴甫洛夫称此现象为无条件刺激反射（unconditioned reflex）。当给狗铃声刺激时，狗则不会分泌唾液，巴甫洛夫称之为无关刺激（neutral stimulus）。如果在每次给狗喂食之前给予铃声刺激，然后再给狗吃东西，多次重复、强化之后，每当铃声一出现（即使在没有喂食的情况下），狗即刻会分泌唾液，巴甫洛夫称之为条件刺激（conditioned stimulus）。这就是有名的巴甫洛夫条件反射实验。

同时巴甫洛夫又发现：当提供的刺激与形成条件反射的条件刺激相似时，如摇铃时伴随其他与铃声不同的声音，狗也会分泌唾液，巴甫洛夫称这一过程为泛化。如果他重复若干次只对狗给予铃声刺激，不予喂食，狗就会在铃声刺激下逐渐减少唾液分泌，这一现象被巴甫洛夫称为消退。

（二）华生的学习理论

华生（1878—1958）是美国心理学家、行为主义心理学的创始人、广告大师。他认为，心理学研究的对象不是意识而是行为，心理学的研究方法必须抛弃内省法，而代之以自然科学实验法和观察法。

华生认为，行为学习中最重要的因素是环境。他是环境决定论者，正如他的名言：给我一打健康的和天资完善的婴儿，并在我自己设置的特定环境中教育他们，那我可保证，任意挑选一个婴儿，不管他的才能、嗜好、倾向、能力、天资和他们的祖先的种族如何，我都可以把他训练成为我所选定的任何一种专家——医生、律师、艺术家、商界首领乃至乞丐和强盗。

动物和人的行为都是通过经典条件反射习得的，正是这些简单的反射作用构成人的整个行为的遗传特征。

华生很早就利用应答性条件作用的知识进行实验，他曾使一个本来喜欢动物的11个月的男孩对白鼠产生了恐惧的反应。其做法是每当这个男孩伸手要去玩弄白鼠时，实验者就在他背后猛击铁棒。经过这样几次的反复之后，每当白鼠出现，这个男孩就会哭闹，出现紊乱的表现。此后又进一步发现这个男孩的这种反应又泛化到其他白色有毛的动物身上去了，本来他并不害怕的对象，如兔子、狗、有毛的玩具等出现在他面前时，他现在也会发生恐惧或消极的反应。

经典条件反射的基本现象：条件反射的建立和形成。这是条件刺激取代无条件刺激，形成特定的刺激反应关系的获得过程。

（1）泛化作用。这是人或动物把学习得到的经验扩展运用到其他类似的情境中去的倾向。条件反射建立后，与条件刺激相似的刺激也能激发相同的条件反射。

（2）消退作用。这是指条件反射建立之后，不再需要无条件刺激（如食物），仅由条件刺激物（如声音）就可引起条件反应（如狗流唾液），但继续给予条件刺激物时，条件反应的强度就会逐渐下降，直至不再出现条件反应，这时消退即产生了。条件反射形成后，若得不到无条件刺激的强化，条件反应就会逐渐减弱，直至消失。

（3）辨别作用。这是指对不适当刺激不做出反应的能力。

二、操作性条件反射原理

（一）效果律

效果律是指一种行为过程的发生次数受该行为后果的影响而改变。效果律所反映的是人或动物保持或消除先前反应与效果之间的关系。一种行为之后出现了好的效果，这种行为就趋向于保持下来；如果效果不好，则趋向于被消除。这就是斯金纳等人称之为强化的一种关系。

（二）斯金纳的操作性条件反射

操作性条件反射又叫工具性条件反射，是指强化生物体的自发活动而形成的条件反射。斯金纳在实验箱内放一只处于饥饿状态的老鼠，老鼠在箱内乱蹿时，偶尔因按压了一下能掀动食物的横竿而获得了食物，强化了几次之后，条件作用就迅速形成了。踩竿反映是对环境的"操作"，因此称其为操作性条件反射。

斯金纳根据其在实验中所得的观点，认为包括心理疾病在内的大多数行为都是习得的。斯金纳认为，一些精神疾病和病态行为都是通过操作性条件作用获得的。因此，心理咨询和治疗就是要以改变对来访者起作用的强化物的方式来改变其行为。

斯金纳认为，操作条件反射与经典条件反射的主要区别在于：前者是一个反映—刺激过程，而后者则是一个刺激—反映过程。斯金纳在人的被试中开展实验研究证明，人的反映可以用语言、声音或手势代替具体的强化物。同时，在实际治疗中，只要治疗师对期望的某种行为予以奖励，这种行为就会获得强化，反之就会消退。若施以惩罚，则会加快消退的速度。

三、模仿学习原理

社会学习理论提出了另一种学习形式，称作观察学习或模仿学习，认为人类的大量行为的获得不是通过条件作用的途径进行的。

（一）班杜拉的社会学习理论

美国心理学家班杜拉是社会学习理论的创建者。他的社会学习理论特别强调榜样的示范作用，认为人的大量行为是通过对榜样的学习而获得的，不一定都要通过尝试错误学习和进行反复强化。他虽然指出个体可以通过简单的观察学会某些行为，但是并未置强化于不顾。

班杜拉曾对社会模仿学习进行分析，将其分为下述四个过程。

1. 替代性强化

人们要向某个榜样学习，就必须集中注意力，准确地感知对方的行为。注意过程一方面与要模仿的对象有关，如其行为的有效性、特点及行为的价值等；另一方面与观察者本人的特点有关，如其感知的能力、唤醒水平、感知习惯和过去所受过的强化的情况等。

2. 保持过程

人们为了有效地进行模仿学习，必须能记得所要模仿的行为。这包括对象和信息的双重存储，通常要利用言语进行编码。保持的目的是能够重新提取出来并付诸行动。

3. 运动的再现过程

在某些阶段，对所要模仿的行为的言语信息的呈现需要有一个把它们翻译为有效的行为的过程。影响这一过程的因素有：观察者的生理能力、是否其反应已包括了必要的反应成分在内，以及在尝试采用新的行为时，是否具有正确的调适能力。

4. 动机建立过程

学习的和操作性行为的一个重要的区别是，在采用他们所学来的行为时是否具有明显的动机。

观察者在下列情况下更愿意采用他们通过模仿习得的行为。

（1）可以得到内部的奖励。

（2）内心认为是值得的。

（3）已经见到过这种行为给模型带来好处。但为使个体运用这些行为，就必须运用强化手段。

影响模仿学习的因素如下。

（1）被模仿人的特征：如相似性、能力、地位等。

（2）观察者的特征：如依赖性、从属性、安全感等。

（3）观察者的参与程度：这与观察者是主动的参与还是被动的观察有关。主动的模仿更有利于行为的改变。

在行为治疗的基本理论中，我们可以看到，早期行为治疗的理论家希望在简单的实验条件下，发现人类行为的奥秘，找到学习的原理，用以解释所有人和动物的学习，解释复杂和简单的学习。理论家的希望是美好的，但他们面临着许多没能解决的问题，行为治疗就是要利用通过各种实验而立的有关学习的原理和范型去克服不适应的行为习惯。

（二）沃尔普的行为治疗理论

沃尔普是美国行为治疗心理学家。他的实验研究表明，动物神经性症状的产生和治疗都是习得的。因此，他认为治疗人类神经症的方法也可由此发展而来，于是提出了交互抑制理论以减少神经症行为，并从该范式出发，发展了系统脱敏技术。

1. 行为治疗的基本假设

（1）非适应行为是习得的，即个体是通过学习获得了不适应的行为的，但要注意并非所有的行为变化都是学习引起的。

（2）个体可以通过学习消除那些习得的不良或不适应行为，也可通过学习获得所缺少的适应性行为。

2. 行为治疗的共同特点

（1）治疗只是针对当前来访者有关的问题进行，至于揭示问题的历史根源、自知力或领悟通常被认为是无关紧要的。

（2）治疗是以特殊的行为为目标的。这种行为可以是外显的，也可以是内在的。

（3）治疗的技术通常都是从实验中发展而来的，即是以实验为基础的。

（4）对于每个来访者，治疗师根据其问题和本人的有关情况，采用适当的经典条件反射、操作性条件反射、模仿学习或其他行为治疗技术。

3. 行为治疗的基本过程

（1）确认来访者的不良行为，据此制定治疗目标、选择治疗技术和方法。

（2）以适当的技术、方法对不良行为进行矫正。

（3）帮助来访者建立新的行为方式，记录靶行为的基线水平及变化过程。

（4）评价治疗过程。

（三）布莱克姆的行为治疗理论

1. 布莱克姆（Blackham）等人提出行为治疗过程的六个步骤

（1）以操作性术语确定和阐明需要改变的行为（如焦虑、恐惧）。

（2）获取希望出现的靶行为的基线水平。

（3）设置有助于靶行为发生的情境。

（4）确认潜在的强化刺激和事件。

（5）强化希望出现的靶行为或强化一系列接近靶行为的行为。

（6）持续记录行为的变化并据此评价治疗的疗效。

2. 行为治疗的主要内容

（1）确认来访者的不良行为。

（2）制定治疗目标、选择治疗技术和方法。

（3）对不良行为进行矫正。

（4）记录靶行为的基线水平及变化过程。

（5）评价治疗过程。

四、行为主义咨询的治疗方法

（一）放松训练法

1. 什么是放松训练

放松训练类似于气功、太极拳、坐禅、站桩功等，对于应付紧张、焦虑、不安、气愤的情绪与情境非常有用，可以帮助人们振作精神、恢复体力、消除疲劳、稳定情绪。放松训练时全身肌肉放松，呈自我意志状态，呼吸平稳，能够增强个体应付紧张事件的能力。

2. 放松训练的程序

（1）准备工作：舒服的姿势＋安静的环境。

（2）放松的顺序：手臂部—头部—躯干部—腿部。治疗师要帮助来访者先学会这一程序，进而让他们自行练习。

3. 放松训练的方法

（1）每一部分肌肉放松的训练过程为如下五个步骤：集中注意—肌肉紧张—保持紧张—解除紧张—肌肉松弛。

（2）注意利用声调语气，营造有利于放松的气氛，语速渐慢，配合呼吸。

例如，躯干部位的放松：耸起你的双肩，使肩部肌肉紧张、非常紧张，注意这种紧张的感觉；坚持一下，再坚持一下；好，放松，现在感到手臂很放松了（解除紧张和肌肉松弛）。

4. 想象放松法

（1）想象放松

想象是人类精神活动的一个组成部分。在心理咨询与治疗中，想象是最常用的技术之一。

（2）想象放松的程序

1）要求来访者放松地坐好、闭上双眼，然后给予言语性指导。

2）进而由来访者自行想象。

3）了解使来访者最感舒适、惬意、轻松的情景。

例如，言语指导（想象性放松）：大海边，我静静地俯卧在海滩上，周围没有其他人，我感受到了阳光温暖的照射，触到了身下海滩上的沙子，我全身感到无比的舒适，微风带来一丝丝海腥味，海浪在有节奏地唱着自己的歌，我静静地、静静地谛听着这永恒的波涛声。

5. 深呼吸放松法

（1）深呼吸放松法适合的对象

治疗师可能会遇到这样的来访者，他在面临某些特殊的场合时易感到紧张，此时已无时间和场地来慢慢练习上述放松方法。在这种情况下，可以教其最简便的深呼吸放松法。这和日常生活中人们自我镇定的方法相似——注意转移，自我镇定。

（2）深呼吸放松法的程序

1）准备：站定，双肩下垂，闭上双眼，慢慢做深呼吸。

2）指示语：一呼，一吸，一呼，一吸，或深深地吸进来，慢慢地呼出去；深深地吸进来，慢慢地呼出去。

（二）系统脱敏法（systematic desensitization）

系统脱敏法是最早应用的行为治疗技术之一，是由沃尔普最先发明及应用的。

1. 系统脱敏法的应用

其应用于来访者在某一特定的情境下产生的超出一般紧张的焦虑或恐怖状态。

2. 系统脱敏法的原理

其采用交互抑制或反条件作用的原理。利用人的肌肉放松状态，去抑制由焦虑或恐怖引起的个体的心率、呼吸、皮电等的生理指标的变化反应，即在引发焦虑的刺激物出现的同时让来访者做出抑制焦虑的反应，这种反应就会削弱、最终切断刺激物同焦虑反应间的联系。

3. 系统脱敏法的程序

系统脱敏法由以下三个部分组成。

（1）放松训练，建立恐怖或焦虑的等级层次。

（2）将来访者报告出的恐怖（或焦虑）事件按等级程度由小至大的顺序排列。找出事件，并报告每一事件焦虑或恐怖的主观程度。

（3）要求来访者在放松的情况下，按等级层次中列出的项目进行想象或实地脱敏。

4. 系统脱敏法的步骤

（1）准备工作：放松训练和建立恐怖（或焦虑）等级。

（2）脱敏的三部曲：①放松：让来访者在放松的情况下进行脱敏练习；②想象脱敏：由治疗师做口头描述，让来访者进行想象，从等级层次中最低的一个恐惧（焦虑）事件开始；③停止想象：让来访者报告此时感觉到的主观恐惧（焦虑）的等级分数，治疗师要记下此时的等级分数。

（3）重复上述步骤，想象的时间每一次可比上一次略有延长，直至来访者对此事件不再感到焦虑或恐惧为止。然后再对下一个事件进行同样的脱敏训练。

在治疗过程中，一般在一次会谈时间内完成1~2个事件的脱敏训练为宜。想象脱敏的步骤亦可采用实地或实物脱敏法。

5. 系统脱敏法的变式

（1）快速脱敏法，或称真实生活脱敏法。此法的主要特点是用造成恐惧反应的实际刺激物代替对它的想象。治疗师陪伴着来访者通过一系列令来访者感到恐惧的情景，直到抵达原先最害怕的情景而不再紧张为止。这种方法比较适用于广场恐惧症和社交恐惧症来访者。

（2）接触脱敏法。这种方法特别适用于特殊物体恐惧症，如对蛇和蜘蛛的恐惧症等。让来访者首先观看治疗师或其他人处理引起病人恐惧的情境或东西，之后让来访者一步一步地照着做。

（3）自动化脱敏法，即根据同来访者的一系列交谈的结果，治疗师将识别出的来访者的焦虑情境（如喧闹嘈杂的声音、拥挤的人群或爬行中的蛇）进行录音、录像，而后利用这些制备好了的录音、录像对来访者进行治疗。自动化脱敏法可用于对即将接受接触脱敏、快速脱敏和冲击治疗的来访者的准备中，也可以作为其他脱敏法的一个补充，在其他脱敏治疗的间歇期作为一种家庭作业而采用。

（4）情绪性意象法。这个方法由拉扎拉斯等最先提出。这种方法的主要特点是通过形象化的描述，诱发病人兴奋、骄傲和欢乐等积极的情绪情感活动。这些积极的情绪情感活动显然与由恐惧刺激物引起的焦虑反应互不相容，从而就可以逐渐抑制和消除恐惧心理。

6. 系统脱敏的注意事项

（1）首先要让来访者进行生理上的检查，看看对方在生理上是否可以承受脱敏带来的冲击（如是否有心脏病、低血糖、哮喘等病史）。如果确认可以的话，最好先进行几个咨询单元的深层心理剖析，这是进行认知方面的准备。

（2）然后再进行脱敏疗法。在使用脱敏治疗的时候，还必须向来访者说明系统脱敏的大体原理和使用目的，降低对方心理上的担心程度，当对方发生明显的生理不适反应的时候，必须马上停止治疗过程。

（三）冲击疗法

冲击疗法最早是由一名叫 Crafts 的内科医生所采用的，又称满灌疗法或崩溃疗法。

1. 定义

通过直接使病人处于他所恐惧的情境之中，以收物极必反之效，从而消除恐惧。

2. 依据

只要让来访者持久地暴露在刺激因素面前，惊恐反应终将自行耗尽。

3. 治疗程序

（1）体检。

（2）约法三章，签订治疗协议。签订治疗协议的目的是增强来访者的自我约束，以保证治疗的顺利进行。

（3）治疗准备工作。首先，确定刺激物。刺激物应该是来访者最害怕的和最忌讳的事物，因为这些事物是引发症状的根源。

其次，布置治疗室。治疗室不宜太大，布置应简单，一目了然，除了特意安排的来访者最感恐惧的刺激物，应没有任何别的东西。要使来访者在治疗室的任何地方都能感受到刺激物，不能使来访者有回避的地方。治疗室的门原则上由治疗师把守，使来访者无法随意夺路而逃。来访者进入治疗室后，治疗师应该迅速、猛烈地向来访者呈现令其感到恐惧的事物或情境。

此外，应该严密观察来访者的生理变化。如果来访者提出中止治疗，甚至出言不逊，治疗师应该冷静处理，谨慎对待。在接受治疗之前，来访者要正常吃东西、喝水，并排空大小便。来访者的穿着应简单、宽松。如果有条件的话，就要在治疗过程中同步进行血压和心电监测。

（4）实施冲击。

4. 注意事项

冲击疗法是一种较为剧烈的治疗方法，所以应该事前检查来访者的身体状况并做必要的实验室检查，如心电图、脑电图等。如果来访者具有严重的心血管病、中枢神经系统疾病、严重的呼吸系统疾病、内分泌疾病、各种精神性障碍疾病，则不宜使用冲击疗法。此外，身体虚弱的人也不适宜采用冲击疗法。

要仔细地向来访者介绍治疗的原理、过程和各种可能出现的情况，尤其要清楚地向来访者说明在治疗过程中可能承受的痛苦，尤其不能隐瞒和淡化；同时说明冲击疗法疗效迅速，是其他任何治疗方法所不能比的。如果来访者下定决心接受治疗，在正式进行冲击治疗之前，医患双方应签订治疗协议。在冲击治疗过程中，如果来访者出现一些危急的情况，如出现晕厥、休克或通气过度综合征等情况时，治疗师应当果断地停止治疗。

5. 冲击疗法与系统脱敏法的联系与区别

（1）联系：两者都是以经典条件反射为基础的。

（2）区别：从方法上来看，系统脱敏法经常采用闭目想象的方式来呈现引起来访者恐惧或焦虑的刺激或情境；而冲击疗法则往往使来访者直接置身于其感到恐惧的真实情境中。

从治疗程序上来看，冲击疗法程序简洁，没有烦琐的刺激定量和确定焦虑等级等程序，而且不需要全身松弛这一训练过程。

从原理上来看，系统脱敏法采用的是交互抑制原理，也就是每一次只引起病人一点点焦虑，然后用全身松弛的办法去抑制它。因此，系统脱敏法总是将引起最小焦虑的刺激情境首先呈现出来。冲击疗法则刚好相反，采用的是消退原理，所以它总是把危害最大的刺激情境放在第一位，尽可能迅速地使来访者置身于最为痛苦的情境之中，尽可能迅猛地引起来访者最强烈的恐惧或焦虑反应，并对这些焦虑和恐惧反应不做任何强化，顺其自然，最后迫使导致强烈情绪反应的内部动因逐渐减弱甚至消失、情绪的反应自行减轻或者消失。

（四）反恶疗法

厌恶疗法又称"对抗性条件反射疗法"，它是应用惩罚的厌恶性刺激，即通过直接或间接想象，以消除或减少某种适应不良行为的方法。

1. 厌恶疗法的一般原理

利用回避学习的原理，把令人厌恶的刺激，如电击、催吐、语言责备、想象等，与来访者的不良行为相结合，形成一种新的条件反射，以对抗原有的不良行为，进而消除这种不良行为。

2. 厌恶疗法的特点

治疗期较短，效果较好。厌恶疗法的使用，从资料来看，确实源远流长。例如，我国古代妇女为了避孕，故意延长哺乳时间，以致小孩到了6～7岁仍未断奶；而此时，要使孩子断奶，成人往往只能采用在乳头涂黄连或难看的颜色，使儿童望而生畏，产生厌恶感，以达到断奶的目的。

3. 厌恶治疗的形式

（1）电击厌恶疗法，即将来访者习惯性的不良行为反应与电击连在一起，一旦这一行为反应在想象中出现就予以电击。电击一次后休息几分钟，然后进行第二次。每次治疗时间为20～30分钟，反复电击多次。治疗次数可从每个月六次到每两个星期一次，电击强度的选择应征得来访者的同意。

（2）药物厌恶疗法，即在来访者出现贪恋的刺激时，让其服用呕吐药，产生呕吐反应，从而使该行为反应逐渐消失。药物厌恶疗法多用于矫治与吃有关的行为障碍，如酗酒、饮食过度等，其缺点是耗时太长，且易弄脏环境。

（3）想象厌恶疗法，即将治疗师口头描述的某些厌恶情境与来访者想象中的刺激联系在一起，从而使其产生厌恶反应，以达到治疗的目的。此法操作简便、适应性广，对各种行为障碍的疗效都比较好。

4. 厌恶疗法的注意事项

由于会给来访者带来非常不愉快的体验，治疗师在决定采用此法之前，务必向来访者解释清楚，在征得来访者的同意后，方可进行治疗。并且，治疗师一般应把厌恶疗法作为最后一种选择。在使用厌恶疗法的同时，应努力帮助来访者建立辨别性条件反应。

例如，对一位同性恋者使用厌恶疗法，治疗师应将呈现的厌恶刺激限制在来访者的同性间性行为表现的范围内；同时，让来访者形成对正常的异性间性活动的愉悦反应。只有这样才能在消除非适应性行为的同时，建立正常的适应性行为。

（五）模仿学习疗法

模仿学习疗法是指利用人类通过模仿学习获得新的行为反应倾向，帮助某些具有不良行为的人，以适当的反应取代其不适当的反应，或帮助某些缺乏某种行为的人学习这种行为。

1. 模仿学习疗法常用的四种方式

（1）看电影或电视录像（象征性的示范）。

（2）听录音，想象示范行为（内隐示范）。

（3）由治疗师示范后指导（参与示范）。

（4）生活示范（在生活中观察示范者）。

2.影响模仿学习疗法的因素

（1）被模仿者的特征，主要是指被模仿者的相似性、能力和地位等。

（2）观察者的特征，主要是指观察者的年龄、依赖性和安全感等。

（3）观察者的参与程度，主要是指观察者的参与状况是主动的还是被动的。

3.模仿学习疗法的工作程序

（1）选择合适的治疗对象。

（2）设计示范行为。

（3）强化正确的模仿行为。

（4）角色扮演或行为排演

角色扮演多用于改变来访者的不良行为和进行社会技能训练。扮演方法如下。

1）问题及情境说明

2）角色分配

主角——来访者本人，或小组中讲述自己的问题者，其任务是扮演自己。

配角——治疗师或治疗师的助手，如果是小组治疗，可由主角自行挑选配角。配角要扮演主角所述事件中的另一个人。

治疗师的指示语——扮演要求。

主角：扮演时要像真的一样，要带着自己的问题去扮演，对对方亦称以现实生活事件中的人名，中途有问题时不要停下来进行说明，而要等全部扮演结束时再讲。

配角（小组治疗时）：尽可能按主角所说的真实事件中的那种情景去反应，想象自己是对方时，可能会做出什么反应。

小组其他成员（小组治疗时）：注意观察扮演情况，记下有问题的地方，但不要打断扮演进程，有话等结束后再说。

3）信息反馈

扮演结束后，治疗师要给来访者以必要的信息反馈。如果是小组治疗，则先由配角，再由其他小组成员提出各自的意见和看法，最后由治疗师做总结。

反馈信息应包括：指出对方做得好的方面，予以表扬；指出不足的方面，并说明应怎样改进等；也可以让主角评论自己的扮演行为。

在扮演过程中，可根据条件进行录音、录像，在扮演结束时放给主角看，并据此进行讨论。

4）模仿学习

角色扮演可进行第二遍，让来访者采纳治疗师或其他人的意见练习新的行为。治疗师中间随时可叫暂停，示范新的行为，再让来访者进行主动模仿。角色扮演亦可结合角色替换进行。

5）结束时的工作

在扮演结束时，治疗师要对来访者在扮演中表现出的新的适宜行为进行强化，并鼓励来访者尝试把这种新的行为方式运用到现实生活中。治疗师也可以以作业的方式要求来访者对新学习的行为进行练习。

应用范围：角色扮演可用于进行社交技能的训练。

（六）强化疗法

心理咨询或治疗中的强化是系统地应用强化手段去增进某些适应性行为，减弱或消除某些不适应行为的方法。强化的方法是建立在操作性条件作用的原理之上的。

1. 强化疗法的类型

（1）正强化，即给予一个好刺激。

（2）负强化，即去掉一个好刺激。

（3）正惩罚，即施加一个坏刺激。

2. 强化疗法的方法

（1）塑造（shaping）：这是行为治疗中最常用的方法之一。塑造是指通过强化的手段，矫正人的行为，使之逐步接近某种适应性行为模式。塑造过程中，采用正强化手段，一旦所需行为出现，立即给予强化。在塑造方法的应用中，要注意制定适当的目标。

（2）代币管制法：一种利用强化原理促进更多的适应性行为出现的方法。这是使用有形的可以得到实物奖励的正强化的方式之一。我国许多精神病医院已采用此法管理病人，使精神病人的不良行为减少，生活秩序好转。此法亦可用于培养儿童的适应性行为，如洗一次碗可以得到1面小红旗，叠一次被可得1面小红旗，拖一次地板可得3面小红旗；反之，如果没有完成相应的劳动任务，就要扣除相应的红旗数；一个星期结算一次，一定数量的小红旗可以兑换某种儿童所需要的实物，如玩具、球、书、游戏、娱乐等。

（3）消退法：这种方法采用的方式是对不适应的行为不予注意，不给予强化，使之渐趋削弱以致消失。在使用消退法时，注意要同时强化对方出现的适应性行为。

（4）负惩罚：是指去掉一个强化刺激。

3. 应用强化疗法的注意事项

（1）强化物要适宜。要对不同的对象采用不同的强化物，如糖果对孩子可能是一种很好的强化物。

（2）强化要及时、准确。什么时候表扬、什么时候强化，表扬什么、强化什么，咨询师心中一定要有数。

（3）强化标准要渐高，强化的次数要渐少。这是对运用正强化的方法而言的，目的在于不断地提高其适应水平。

（4）治疗师的强化作用。治疗师对来访者的强化可以通过各种形式的信息传递给来访者：表扬、注意、目光的接触、面部表情、身体语言，共情、温暖、真诚、关注等。治疗师达到的共情的水平越高，其治疗就越有效。

（5）在行为治疗中，通过初步的行为功能分析，治疗师可能确定出在整个治疗过程或各个治疗阶段中，需要加以改变的来访者问题行为中的具体目标，这些目标称为靶行为。

（七）生物反馈疗法

生物反馈疗法又称生物回授疗法，或称自主神经学习法，是在行为疗法的基础上发展起来的一种新型心理治疗技术和方法。生物反馈疗法利用现代生理科学仪器，通过人体内生理或病理信息的自身反馈，使来访者经过特殊训练后，进行有意识的"意念"控制和心理训练，通过内脏学习达到随意调节自身躯体机能，从而消除病理过程，恢复身心健康。

实验证明，心理（情绪）反应和生理（内脏）活动之间存在着一定的关联，心理社会因素通过意识影响情绪反应，使不受意识支配的内脏活动发生异常改变，导致疾病的发生。生物反馈疗法将正常属于无意识的生理活动置于意识控制之下，通过生物反馈训练建立新的行为模式，实现有意识地控制内脏活动和腺体的分泌。生物反馈的学习过程就是学习正确的操作性条件反射，对抗病态性条件联系，从而纠正和矫正不良行为与习惯，消除病体症状，以达到治疗疾病的目的。

由于此疗法训练目的的明确、直观有效、指标精确，因而来访者无任何痛苦和副作用。生物反馈治疗技术从 20 世纪 60 年代至今，虽然兴起不久，但发展十分迅速。目前已有多种仪器，分别或是组合同步显示人体的脑电波形、肌电水平、皮肤电阻、脉管容积、心率、血压、皮温等生物信息。朗特（Ratt）最早用脑电生物反馈疗法治疗癫痫；卡米亚（Kamiya）曾用脑电生物反馈仪治疗高血压、心律不齐、溃疡病、紧张性头痛、支气管哮喘、焦虑症等，还用来减轻疼痛、调节心情等。

近些年来，我国许多地方也开展了生物反馈治疗。据国内有关报道证实：生物反馈疗法对多种与社会心理应激有关的身心疾病都有较好的疗效。以高血压为例，某院曾用此法治疗 264 例，治疗有效率达 80% 以上。这种疗法利用现代化的技术手段，在电子仪器的帮助下，使病人一般感觉不到的体内的生理变化信息（如血压升降、心率快慢、胃肠蠕动、脑电波形等）显示出来，并加以放大，让病人自己直观地看或听到它；病人可通过自我意识来主动地调节自己生物信息的变化，譬如降低或升高血压、调节心率等。

1. 临床中要使病人把握的三类感觉信息

第一，应把握清晰的生理状态。

第二，应对内部身体感觉线索有所知觉。

第三，应理解从仪器上接收到的反馈信息的含义。

开始也可以用想象来引起内部生理状态的变化。例如，为了增加手温，可以想象太阳照在手上的情境、手插在海滩温暖细沙中的感受等，然后经反馈训练也可使手温提高。在反馈训练中，治疗师对来访者的语言指导和治疗态度对治疗结果有重要影响。每一次训练结束，让来访者做 1~7 的主观等级评定，1 代表最松弛，4 代表中性，7 代表最紧张。

了解来访者经过训练紧张度的变化，还要叮嘱来访者进行家庭训练，坚持每天做两次、每次 20～30 分钟的放松训练，并填写放松等级表。

运用于生物反馈治疗的设备：肌电反馈仪、皮肤湿度反馈仪、皮肤电反馈仪、脑电反馈仪及脉搏反馈仪等。仪器的操作者需经过专业训练，以保证结果的可靠性和科学性。

在实施生物反馈疗法前，必须向来访者解释清楚治疗的目的和治疗方法，以消除来访者对电子仪器的顾虑，使其明白无电流通过躯体，也无任何危险；说明此疗法主要依靠自我训练来控制体内机能，且主要靠平时练习，仪器监测与反馈只是初期帮助自我训练的手段，而不是治疗的全过程，要每天练习并持之以恒，才会有良好的效果。全部解释可用录音带播放，再进行个别答疑和补充。

2. 生物反馈疗法的治疗步骤

在安静、光线柔和、温度为 26 度左右的治疗室内，来访者坐在一张有扶手的靠椅、沙发或是呈 45 度角的躺椅上，解松紧束的领扣、腰带，穿换拖鞋或便鞋，坐时双腿不要交叉，以免受压。最好是软垫宽椅，坐着感觉舒服，头后有依托物更好。

第一次治疗与以后每次治疗前的 5 分钟，记录安装电极所获基线数据或检查来访者"家庭作业"所获成绩。

训练来访者收缩与放松前臂肌肉，训练面部肌肉活动，令来访者抬额、皱眉、咬牙、张嘴，然后一一放松，告诉来访者观察肌表面电位微伏计上的指针变化及偏转方向，与此同时，倾听反馈音调变化并理解其信号的含义。

给来访者增加精神负荷，如连续计算 100 减 7，回忆惊险和痛苦经历，同时观察肌电、皮肤电导、指端皮温、脉搏血压等的变化，找到最敏感的反应指标，作为下一步训练的选择指标；在精神负荷下无显著变化的生物反应指标，以后训练中亦无法判定疗效，故不宜选择。

全身肌肉放松程序。根据 Jacobson 方法，依次为上肢、下肢、躯干（腹部、腰部、肩背部）、颈部、面部肌肉。首先做收缩与放松交替的练习，最后做全身肌肉放松练习。

呼吸要求自然、缓慢、均匀。请来访者设想鼻孔下面有一只兔子，呼吸不能吹动兔毛。

尽量保持头脑清静。排除杂念，不考虑任何问题，使自己处于旁观者的地位，观察头脑中自发地涌现什么思想，出现什么情绪，这叫作被动集中注意。

如无法排除杂念，可在每次呼吸时，反复简单数数字，如"一、二"，或是默念"我的胳膊和腿部很重，很温暖"，起到自我暗示的作用。治疗时，也可想象躺在有温暖阳光的海滩或乡村草地上，由治疗师描述视觉景象及鸟语、涛声与温暖感觉。入静好的可达到思维停止、万念俱寂，可使人嗜睡，但应避免完全入睡。

治疗师注意调节反馈信号，调节阳性强化的阈值，阈值上下的两种信息用红绿灯光或不同频率的音调反馈，务必使阈值调整恰当，使来访者获得自控生物指标的阳性信号占70%，阴性信号占 30% 左右。阳性信号达 90% 以上甚至 100% 时，即提高阈值标准的要求；当阳性信号只在 50% 左右时，降低阈值标准的要求，使训练循序渐进。每次练习完毕，指出所获成绩，布置家庭作业并提出下次实验室练习任务，如额肌松弛的表面肌电指标由开始治疗的 5 微伏，通过每次练习，达到如 4.5 微伏、4 微伏、3.8 微伏、3.4 微伏等。每一次练习的 20～30 分钟内，反馈信息亦可中途关闭，只在开始与结束时检查肌电指标，每次治疗结束后，要让来访者做几次肢体屈伸运动，使来访者感到轻松愉快后，再离开治疗室。

在没有仪器监测的情况下，要求来访者每天做"家庭作业"。在比较方便时（如中午、晚上睡觉前或清晨），自己练习，每次 10～30 分钟，每日 1～2 次，并持之以恒。

治疗的一个疗程约 10 次，可以每周 2 次，其余时间都在自己家里练习，亦可在开始治疗时每周 4 次，以后每周 1 次，巩固并随访疗效，持续 3 个月到半年。

如果通过多次练习，每种反馈性生物反应指标并无明显变动，应该与来访者交谈确定其是否已了解练习的目的与方法，如果不是理解与技术中的问题，应考虑另择反馈性生物指标。还有一种情况是通过治疗，生物反应指标有明显变动，自我调节良好，但临床症状仍无明显进步。例如，肌肉松弛甚好，而焦虑依然如故，亦可另择其他生物性指标进行训练，或改用其他治疗方法。应注意有求全责备性格的来访者，以及对现实生活有许多不满或歉疚者，会出现对疗效的低估，而并非治疗实际无效。

治疗前、治疗过程中与治疗结束后，由观察者填写记录单，来访者自填症状变化量表，这样可进行对比，确定有无疗效。

3. 使用生物反馈疗法的注意事项

（1）治疗的主要目的是让躯体肌肉放松及精神状态放松，即任其自然，解除焦虑来访者习以为常的警觉过度与反应过度的身心状态。

（2）心理要求处于此时此地的状态，既不对过去念念不忘，也不对将来忧心忡忡，不要把思维集中在解决任何现实性问题上，而应任其无意志地自由飘浮。

（3）松弛状态下可能出现一些暂时性的躯体感觉，如四肢沉重感、刺痛感、各种分泌物的增加、精神不振、飘浮感等，应事先告知来访者，以免引起来访者不必要的恐慌和新的焦虑。

第四节　认知主义咨询理论

认知主义咨询理论关注的是来访者心理过程的变化以及心理健康和行为的影响。虽然不像精神分析疗法和行为疗法那样有系统的理论源头，但是所有认知方法都有一个共同的前提，即根据人的认知过程，对其情绪和行为产生的影响进行理论假设，通过认知和行为技术来改变来访者的不良认知，从而矫正不良行为。

一、认知主义咨询理论概述

认知理论起源于 20 世纪中期，是心理学与计算机科学等学科交叉渗透而兴起的一个流派。从广义上讲，认知研究人类高级的心理过程，包括信息的接受、编码、操作、提取和应用等全部信息的加工活动。由此，这一学派的学者将人的心理功能看作信息加工系统。认知理论认为，人类的各种心理过程都是在有意识参与的情况下完成的，在这种过程中形成了对现实世界的认识、解释和评价，即认知决定着人的情绪和行为。认知理论注重改变那些不合理的、歪曲的、不符合事实的信念和想法，而一旦认知歪曲得到改变或矫正，情感和行为障碍就会相应好转。

（一）认知主义咨询的历史发展

认知主义咨询技术是 20 世纪 60—70 年代在美国心理治疗领域中发展起来的一种新的理论和技术。这种改变人的认识观念的思想最早起源于古希腊哲学家苏格拉底的"辩证法"。自从心理学从哲学范畴中独立出来，心理学的理论就有了飞速发展，先后经历了精神分析和行为主义心理学占统治地位的时期；而到了 20 世纪 60—70 年代，人本主义心理学和认知心理学的兴起则是继精神分析和行为主义心理学之后的第三股势力。

认知主义咨询技术正是在这种背景下发展起来的，它是一种系统的心理咨询的理论和技术。因此，它和人本主义心理学及认知心理学在理论上有着密切的联系。它是一组通过改变思维和行为的方法来改变不良认知，从而达到消除不良情绪和行为的短程的心理治疗方法。

（二）认知主义咨询的代表学派

认知主义咨询理论有代表性的是阿尔伯特·艾利斯（A.Ellis）的合理情绪行为疗法、阿伦·贝克（A.T.Beck）的认知疗法以及麦肯鲍姆（D.Meichenbaum）的认知行为疗法。20 世纪 50 年代中期，艾利斯创造了理性情绪法。20 世纪 70 年代以后，由于贝克对抑郁症的认知歪曲法和认知咨询法的研究，以及麦肯鲍姆创造了自我指导训练方法，认知咨询获得了迅速发展。

1. 理性情绪疗法

阿尔伯特·艾利斯（1913—2007）是美国临床心理学家，在 1955 年发展了理性情绪行为疗法，也是 20 世纪 60 年代美国性解放运动的先驱。许多人认为他是认知—行为疗法的始祖。

艾利斯认为，人生来就有使用理性理念对抗非理性理念的潜能，但实际生活中，人们又常常被非理性的信念所困扰。例如，"人生来就应该得到别人的喜欢""我天生就应该比别人强""任何事情都要按照我想要的那样进行发展，否则就会很糟糕""所有事情都应该得到圆满的解决"等，人之所以会出现焦躁、愤怒、敌对等消极情绪，皆由这些不合理的信念导致。

2. 情绪认知理论

贝克是美国精神病学家、临床心理学家，认知行为治疗的创始人。他于1983年获得美国心理病理学会奖，1985年编制出"贝克焦虑问卷"，著有《认知疗法和情绪紊乱》（1974）、《抑郁：临床、实验和理论方面》（1967）、《抑郁：原因与治疗》（1972）等。

贝克等提出的情绪障碍认知理论是认知模式的理论基础。他认为，我们所说的"心理问题"并不都是神秘的、不可解决的。相反，这些问题的产生都能在平常生活中找到原因。例如，错误的学习方式、片面的或者不正确的信息所做的错误的判断，以及不能很好地找到理想与现实的差距等。贝克把人们在认知过程中所发生的认知歪曲归纳为注意推断、选择性概括、过度引申、夸大或缩小、走极端的思维五种形式。

3. 自我训练指导

麦肯鲍姆认为，在行为技能的建立中，认知起着自我指导的作用，所以通过指导来访者进行自我说服或现场示范的训练，可以使他们意识到不良的认知，并增强他们对情绪障碍和不良行为的适应能力。

二、认知主义咨询原理

认知理论根据人的认知过程会影响其情绪和行为的理论假设，通过认知和行为技术来改变来访者的不良认知，从而达到减轻或消除他们的不良情绪问题或非适应性行为的目的。

（一）认知影响行为

由于文化、知识水平及周围环境背景的差异，人们对某个问题往往有不同的理解和认知。所谓认知，一般是指认识活动或认识过程，包括信念和信念体系、思维和想象。具体来说，"认知"是指人们对一件事或某对象的认识和看法，包括对自己的看法、对别人的看法、对环境的认识和对事的见解等。例如，同样一所医院，小孩可能依自己的认识和经验，把它看成一个"可怕的场所"，因为不小心就会被打针；一般人会把它看成"救死扶伤"之地，可帮人们"减轻痛苦"；而有些老年人则可能把医院看成"进入坟墓之门"。因此，关键不在于"医院"客观上是什么，而在于被不同的人认知或看成什么，不同的认知就会滋生不同的情绪，从而影响人的行为反应。因此，认知疗法强调，一个人的非适应性或非功能性心理与行为常常受不正确的认知而不是适应不良行为的影响。正如认知疗法的主要代表人物贝克所说："适应不良的行为与情绪都源于适应不良的认知。"因此，行为矫正疗法不如认知疗法。例如，一个人一直"认为"自己表现得不够好，连自己的父母也不喜欢他，因此做什么事都没有信心，很自卑，心情也很不好。认知疗法的策略便在于帮助其重新构建认知结构，重新评价自己，重建对自己的信心，更改认为自己"不好"的认知。认知理论认为，人的情绪来自人对所遭遇的事情的信念、评价、解释或哲学观点，而非来自事情本身。情绪和行为受制于认知，认知是人心理活动的决定因素，认知疗法就是通过改变人的认知过程和这一过程中所产生的观念来纠正其适应不良的情绪或行为。治疗的目标不仅仅是针对行为、情绪这些外在表现，而且分析病人的思维活动和应付现实的策略，找寻错误的认知而加以纠正。

（二）治疗的关键在于重构认知

认知疗法把主要着眼点放在来访者非功能性的认知问题上，试图通过改变来访者对己、对他人或对事物的看法与态度来改变所呈现的心理问题。由于文化、知识水平及周围环境背景的差异，人们对问题往往有不同的理解和认知。认知疗法的策略在于重新构建认知结构。

认知疗法常采用认知重建、心理应付、问题解决等技术进行心理辅导和治疗，其中认知重建最为关键。艾利斯认为，经历某一事件的个体对此事件的解释与评价、认知与信念是其产生情绪和行为的根源，不合理的认知和信念会引起不良的情绪和行为反应，只有通过疏导谈论来改变和重建不合理的认知与信念，才能达到治疗的目的。贝克同时指出，心理困难和障碍的根源来自于异常或歪曲的思维方式，通过发现、挖掘这些思维方式，加以分析、批判，再代之以合理的、现实的思维方式，就可以解除来访者的痛苦，使之更好地适应环境。

（三）治疗技术在于改变来访者的现实评价

众所周知，人们在药物作用，或疲劳及意识清晰度下降，或过分警觉的状态下容易出现感知歪曲，进而影响现实评价。例如，一些固执来访者通常认为别人的言行举止都与自己有关；患有抑郁症的来访者总觉得自己处处不如别人、生活乏味；疑病症来访者则会把躯体的任何不舒服都看成严重疾病的象征等。

正常人能够区分主观与客观、假设与现实；在接受假设以前，知道先对假设进行检验。如果将两者混为一谈，则有可能产生病症，如焦虑来访者把任何风吹草动都视为危险信号。还有的来访者虽然进行了检验，但只接受与自己观点一致的证据，拒绝与之相反的证据，以致来访者的认知评价不能正确反映现实。要帮助来访者解决这一问题，首先要让来访者充分认识到自己认知的局限性，治疗师可直接或间接地运用认识论的原理向来访者解释以下问题：首先解释对现实的感知不同于现实本身，最多也只能接近现实，因为感觉器官的功能有限，不可能完全反映现实，在病态的情况下尤其如此；其次对感知的解释依赖于认知过程，如分析、综合、比较、抽象、概括以及概念、判断、推理等思维过程容易出错，任何生理、心理问题都可能影响认知过程。

三、认知主义咨询方法

（一）理性情绪疗法

理性情绪疗法（rational-emotive therapy，RET）也称合理情绪疗法，是美国著名心理咨询学者艾利斯（A.Ellis）于 20 世纪 50 年代首创的心理咨询理论及方法。理性情绪疗法的基本假设是人的情绪主要是由信念、评价、解释，以及对生活事件的反应而产生的。该疗法强调人的价值观在治疗心理障碍中的作用，主张采用纯理性的方法帮助来访者解决问题。

1.理性情绪疗法的基本原理

理性情绪疗法有其独特的理论体系，领会这些基本原理是掌握和运用这一咨询方法的基础和前提。

（1）人性观

任何一种咨询理论都有自身的理论基础，而艾利斯的 ABC 理论则是建立在他对人性观理解的基础上而形成的，因而我们首先要了解艾利斯的人性观。艾利斯认为，每个人生来有两种思维方式：一种是理性思维，它使人们可以积极、快乐地思考问题，从而实现自己的价值；而另一种是非理性的思维，它则会使人自怨自艾、心情沮丧。艾利斯认为，情绪上的困扰正是由于非理性的思维导致的。此外，人是有语言的动物，能内化消极语言，一些不合理的情绪可以通过语言来表达。如果经常性地说出消极的语言，就会演变为显性的情绪。最后，人可以能动地改变自己，对自己的价值做出评价。

（2）ABC 理论

艾利斯认为，正是由于我们常有的一些不合理的信念才使我们产生情绪困扰，久而久之，还会引起情绪障碍。因而，在情绪 ABC 理论中：A 表示诱发性事件，可能是外部事件，也可能是内部原因；B 表示个体针对此诱发性事件产生的一些信念，即对这件事的一些看法、解释；C 表示由于诱发性事件的信念而产生的后果。

人们通常会认为，诱发性事件 A 直接导致了人的情绪和行为结果 C，发生什么事就引起什么情绪体验。然而，同样一件事，对不同的人会引起不同的情绪体验，同样的诱因，不同的人会产生不同的看法。如果诱发事件 A 产生的是不合理信念，往往会引发消极的结果，会不利于健康，有损于幸福快乐，并令人痛苦和困惑。当诱发事件 A 产生的是合理信念时，就会引发有利于健康的、积极的结果。艾利斯分别称之为适当的负性结果和不适当的负性结果。因此，对于不幸诱发事件 A 可以产生两类负性结果：一类是有利于健康的适当的负性结果，一类是不利于健康的不适当的负性结果。这两类负性结果都会伴随一定的负性情绪，不过是两种不同的负性情绪。

（3）非理性信念及其特征

个体的不良情绪往往是由于非理性信念导致的，片面的、歪曲的、不合理的认知方式会产生抑郁的、自卑的、恐惧的情绪化反应。1962 年，艾利斯根据临床经验总结出 11 条非理性信念。

1）我们绝对需要生活中的每一位重要人物的喜爱或赞许。

2）一个人应该在各方面，至少在一方面有成就、有才干，这样才是有价值的人。

3）有些人是卑劣的，他们应该为自己的恶行受到严厉的责备和惩罚。

4）如果遇到与自己希望不一致的事情，就认为很糟糕。

5）人的不快是由外在环境造成的，人无法控制自己的悲伤和情绪。

6）常担心危险或灾难性事件的发生。

7）逃避困难和责任比面对它们更容易。

8）人应该依赖别人，而且需要依赖一个比自己强的人。

9）人的行为受到过去经验的影响，只要一件事情对人们产生了影响，这种影响就会持续一辈子。

10）应该对别人的困难和情绪困扰感到不安。

11）对于任何一个问题，都应有正确的、完美的解决方法，如果找不到，就会很糟糕。

通过以上 11 条非理性信念，归纳出他们具有的三个特征：一是绝对化要求。事情必须从自己的认知出发，对任何事情都从自身意愿出发，抱有必定的信念，常常跟"绝对""应该"等字眼连在一起。二是过分概括化。这是一种以偏概全的不合理的思维。三是糟糕至极。这是一种认为如果一件不好的事发生了，将是非常可怕、非常糟糕的想法。

理性情绪疗法的治疗过程一般分为以下四个阶段。

（1）心理诊断阶段。

这是治疗的最初阶段。首先治疗者要与病人建立良好的工作关系，帮助病人建立自信心；其次摸清病人所关心的各种问题，将这些问题根据所属性质和病人对它们所产生的情绪反应分类，从其最迫切希望解决的问题入手。

（2）领悟阶段。

这一阶段主要是帮助来访者认识到产生心理问题的原因是由于不合理的信念导致的，使用 ABC 理论帮助来访者找出激发事件与不合理情绪和产生的行为困扰之间的联系，让他们认识到情绪和困扰来源于自身。

（3）修通阶段。这一阶段是咨询中最关键和最核心的一步。通过对来访者的不合理的信念进行辩论，采用夸张或者质疑的提问方式让来访者产生顿悟，让他们认识到非理性的信念是歪曲的、不符合现实的，从而改变其原有的认知并形成新的合理的认知方式。

（4）巩固阶段。通过进一步与来访者巩固在咨询中建立的合理的信念，让来访者内化为自身的价值观念，从而用正确的、合理的思维方式来思考和解决问题。

2. 理性情绪疗法的技术方法

（1）与不合理信念辩论

这是合理情绪疗法最常用、最具特色的方法，它来源于古希腊哲学家苏格拉底的辩证法，即所谓"产婆术"的辩论技术。苏格拉底的方法是让你说出你的观点，然后依照你的观点进一步推理，最后引出谬误，从而使你认识到自己先前思想中不合理的地方，并主动加以矫正。这种辩论的方法从科学、理性的角度对来访者持有的关于他们自己、他人及周围世界的不合理信念和假设进行挑战和质疑，以动摇他们的这些信念。

这种方法主要是通过咨询师积极主动的提问来进行的，咨询师的提问具有明显的挑战性和质疑性的特点，其内容紧紧围绕着来访者信念的非理性特征。

例如，针对来访者持有的绝对化要求的一类不合理信念，咨询师可以直接提出以下问题："有什么证据表明你必须获得成功（或别人的赞赏）？""别人有什么理由必须友好地对待你？""事情为什么必须按照你的意志来发展？如果不是这样，那又会怎样？"……

对于来访者的以偏概全的不合理信念，相应的提问可以是："你怎么才能证明你是个一无是处的人？""毫无价值的含义到底是什么？""如果你在这一件事情上失败了，就认为自己是个毫无价值的人，那么你以前许多成功的经历表明你是个什么人？""你能否保证每个人在每件事情上都不出差错？如果他们做不到这一点，那么又有什么理由表明他们就不可救药了？"……

针对糟糕至极的不合理信念，相应的问题可以是："这件事到底糟糕到什么程度？你能否拿出一个客观数据来说明？""如果这件可怕的事发生了，世界会因此而毁灭吗？你会因此而死去吗？""如果你认为这件事是糟糕至极的话，我可以举出比这还要糟糕十倍的事，你若遇到这些事情，又会怎样？""你怎么证明你真的受不了了？"等问题。

应当注意的是，各种阻力也会在辩论中产生，使辩论难以进展或没有效果。出现阻力的原因也在于咨询师和来访者两个方面。首先，如果咨询师在辩论时没有结合对方的具体问题，或没有抓住问题的核心，甚至为博得来访者的好感而不直接提出他的非理性之处，或提的问题过于婉转和含蓄，那么他就会使辩论停留于表面形式。因此，咨询师对要辩论的问题一定要有明确的目标，并做到有的放矢；同时，他一定要保持绝对客观化的地位，对来访者的不合理信念应针锋相对，不留情面，而不能因害怕遭到对方的拒绝而姑息迁就。

其次，来访者方面的阻力主要表现为他对咨询师的辩论和质疑会存有"如果我改变了那么多，那么我就不是我了"，或"如果我改变了那些必须、应该的要求，我会变得平庸，也就没有了前进的动力"等想法。针对这种情况，咨询师应向来访者指出：改变他的不合理观念并不是消除他的动机。每个人都有获得成功的愿望，但如果要求自己必须或应该成功，这就是一个不容易实现的目标，而合理的想法则会使目标更易实现。

与不合理信念辩论是一种主动性和指导性很强的认知改变技术，它不仅要求咨询师对来访者所持有的不合理信念进行主动发问和质疑，也要求咨询师指导或引导来访者对这些观念进行积极主动的思考，促使他们对自己的问题深有感触，这样做会比来访者只是被动地接受咨询师的说教更有成效。

（2）合理情绪想象技术

来访者的情绪困扰有时就是他自己向自己头脑传播的烦恼，如果他经常给自己传播不合理信念，在头脑中夸张地想象各种失败的情境，就会产生不适当的情绪和行为反应。

合理情绪想象技术就是帮助来访者停止这种传播的方法。其具体步骤可以分为以下三步：一是使来访者在想象中进入产生过不适当的情绪反应或自感最受不了的情境之中，让他体验在这种情境下的强烈情绪反应；二是帮助来访者改变这种不适当的情绪体验，并使他能体验到适度的情绪反应；三是停止想象，让来访者讲述他是怎样想的，自己的情绪有哪些变化，是如何变化的，改变了哪些观念，学到了哪些观念。对来访者情绪和观念的积极转变，咨询师应及时给予强化，以巩固他获得的新的情绪反应。

上面的过程是通过想象一个不希望发生的情境来进行的。除此之外，还有另一种更积极的方法，即让来访者想象一个情境，在这一情境之下，来访者可以按自己所希望的去感觉和行动。通过这种方法，可以帮助他确立一个积极的情绪和目标。

（3）家庭作业

认知性的家庭作业也是合理情绪疗法常用的方法。它实际上是咨询师与来访者之间的辩论在一次治疗结束后的延伸，即让来访者自己与自己的不合理信念进行辩论，主要有以下两种形式：RET自助表和合理自我分析报告（rational self-analysis，RSA）。

RET自助表先让来访者写出事件A和结果C；然后从表中列出的十几种常见不合理信念中找出符合自己情况的B，或写出表中未列出的其他合理信念；要求来访者对B逐一进行分析，并找出可以代替那些B的合理信念，填在相应的栏目中；最后来访者要填写出他所得到的新的情绪和行为。完成RET自助表实际上就是一个来访者自己进行ABCDE工作的过程。

RSA和RET自助表基本上类似，也要求来访者以报告的形式写出ABCDE各项，只不过它不像RET自助表那样有严格规范的步骤，但报告的重点要以D，即与不合理信念的辩论为主（D：对B的驳斥，E：新观念）。

（4）其他方法

合理情绪疗法虽然是一种高度的认知取向的治疗方法，但也强调认知、情绪和行为三方面的整合，因此在合理情绪疗法中也会经常见到一些情绪与行为的治疗方法和技术。

前面提到的合理情绪想象技术就是一种情绪的方法。除此之外，在情绪方面经常使用的方法还包括对来访者完全的接受和容忍。这表现为不论来访者的情绪和行为表现是多么荒谬和不合理，咨询师也要理解和接受他们，承认并尊重他们作为一个人的存在，而不是厌恶和排斥他们。

此外，咨询师还要鼓励来访者自我接受，即在接受自己好的方面的同时，也要接受自己不好的方面。当然这种接受并不是指咨询师可以宽容或姑息来访者不合理的情绪和行为表现，它只表明对来访者作为可能犯错误的人类一员的尊重。

（二）贝克认知疗法

贝克认为，认知产生了情绪及行为，异常的认知产生了异常的情绪及行为。认知是情感和行为的中介，情感和行为问题与歪曲的认知有关。人们早期经验形成的"功能失调性假设"或称为图式决定着人们对事物的评价，成为支配人们行为的准则，而不为人们所察觉，即存在于潜意识中。一旦这些图式为某种严峻的生活实践所激活，则有大量的"负性自动想法"在脑中出现，即上升到意识界，进而导致情绪抑郁、焦虑和行为障碍。如此，负性认知和负性情绪互相加强，形成恶性循环，使得问题持续加重。

1. 贝克认知疗法的基本原理

认知疗法是由贝克于20世纪70年代创立的，贝克在治疗抑郁症的过程中，注意到在抑郁症来访者的头脑中总是存在着大量的消极观念，这些消极的想法导致他们消极地甚至悲观地看待自我、他人以及周围的事物。这种现象使贝克受到启发，提出了有名的认知疗法。

2. 贝克认知疗法的理论基础

贝克认知疗法的理论基础来自于信息加工的理论模式，认为人们的行为、感情是由对事物的认知所影响和决定的。例如，如果人们认为环境有危险，他们便会感到紧张并想逃避。人们的认知建立在自己对以往经验的态度和假设基础之上。心理障碍的产生并不是激发事件或不良刺激的直接后果，而是通过了认知加工，在歪曲或错误的思维影响下促成的。

（1）共同感触感染（common sense）。这是人们用以解决日常生活问题的工具。它常以问题解决的形式呈现，包括从外界获取信息、结合已有的经验、提出问题和假设、进行推理、得出结论并加以验证等一系列过程。这一过程实际上就是知觉和思维的过程。假如人们不能精确使用这一工具，对外界信息不能做出恰当的说明与评价，就会使上述过程发生局限，造成认知歪曲，从而导致错误观念并最终引起不适应的行为。

（2）自动化思维（automatic thought）。许多判断、推理和思维是模糊、跳跃的，很像部分自动化的反映，这就是贝克理论中"自动化思维"的含义。这样，思维过程中的部分过错观念也因个体不加注意而被忽略了，并形成了固定的思维习性而被保留下来，使个体自身对这些过错的认知观念不能加以反省和批判。这就需要咨询师使用细致的剖析技术，辅助来访者鉴别并矫正这种过错的、习性化的认知过程。

（3）规则（rules）。个体在认识现实世界的过程中遵循绝对的规则。它们是个体在成长过程中所习得的社会认可的行为准则。个体依据它们评价过去，预期未来，并用它们来指点目前的行为，假如个体不顾客观前提，过分按规则行事，也会使其行为不能与现实环境相调和，从而导致情感困扰和不适应的行为。

3. 贝克认知疗法的主要目标和技术

贝克认知疗法的主要目标是协助来访者克服认知的盲点、模糊的知觉、自我欺骗、不正确的判断，及改变其认知中对现实的直接扭曲或不合逻辑的思考方式。咨询师应秉持接纳、温暖、认同的态度，避免采用权威的治疗方式，引导来访者以尝试错误的态度，逐步进入问题解决的进程中。

贝克认为，认知疗法对心理障碍的治疗重点在于减轻或消除那些功能失调的认知活动，并帮助来访者建立适应性的功能，鼓励来访者对导致障碍的思维和认知过程，以及情感、动机等内部因素进行自我监察。他在 1985 年提出了五种具体的认知疗法技术。

（1）识别自动思维

由于引发心理障碍的思维方式是自动出现的，已构成了来访者思维习惯的一部分，多数来访者不能意识到，因此在治疗过程中，咨询师首先要帮助来访者学会发现和识别这些自动化的思维过程。咨询师可以采用提问、自我演示或模仿等方法，找出导致不良情绪反应的思想根源。

（2）识别认知性错误

所谓认知性错误，即来访者在概念和抽象上常犯的错误，如一些非理性思维。这些错误相对于自动化思维更难识别，因此咨询师应当听取并记录来访者的自动性思维，然后帮助来访者归纳出它们的一般规律。

（3）真实性检验

真实性检验就是将来访者的自动思维和错误观念作为一种假设，鼓励他在严格设计的行为模式或情境中对假设进行检验，使之认识到原有观念中不符合实际的地方，并自觉纠正，这是认知疗法的核心。

（4）去中心化

去中心化就是让来访者意识到自己并非被人注意的中心。很多心理疾病产生的根源在于来访者总感到自己是别人注意的中心，自己的一言一行都会受到他人的评价。为此，他常常感到自己是无力的、脆弱的。如果来访者认为自己的行为举止稍有改变就会引起周围人的注意和非难，那么咨询师可以让他不像以前那样去和人交往，即在行为举止上稍有改变，然后要求他记录别人不良反应的次数，结果他发现很少有人注意他言行的变化，由此他自然会认识到自己以往观念中不合理的成分。

（5）抑郁或焦虑水平的监控

多数来访者认为，他们的抑郁或焦虑情绪会一直不变地持续下去，而实际上，这些情绪常常有一个开始、高峰和消退的过程，而不会永远持续。咨询师可以让来访者体验这种情绪涨落的变化，并使其相信可以通过自我监控，掌握不良情绪的波动，从而增强其改变的决心。

第五节　人本主义咨询理论

人本主义心理学是 20 世纪 60 年代在美国兴起的一种心理学思潮，其主要代表人物是马斯洛（A.maslow）和罗杰斯（C.R.Rogers）。人本主义的学习与教学观深刻地影响了世界的教育改革，是与程序教学运动、学科结构运动齐名的 20 世纪三大教学运动之一。

人本主义理论认为，人的本性是好的，对人性应采取积极的态度；人作为理性主体存在，在合适的情况下，会努力朝着潜能充分发展的方向前进。因而，咨询师应注重营造良好的咨询气氛，给来访者提供真诚、无条件的尊重，这样就能调动来访者自身的潜力，从而达到实现自我的境界。咨询中心应最大限度地发掘来访者自身的潜能和积极能动作用，依靠来访者自己的努力来解决其心理困境。

一、人本主义咨询理论

（一）咨询目标

咨询的基本目标是为来访者提供这样一种氛围：来访者能够利用咨询关系进行自我探索，能以开放、自信、积极的愿望进行咨询，使来访者感受到安全与信任。因此，要求来访者应做到以下几点。

（1）面对现实，抛掉自己的假面具，大胆地说出自己的经历，正视自我世界。

（2）相信自己的能力。

（3）形成自己的评价标准。

（4）把自己看作一个发展的过程，使咨询愿望贯穿于咨询过程之中。

由此看来，人本主义咨询目标的主要目的是帮助来访者改变不正确的自我概念，改变对待自己的方式。其具体表现为：减少内在冲突，增强自我整合和自尊，对生活方式感到满意，变成一个充满正能量及充分起作用的人。

（二）咨询关系

人本主义理论相当重视咨询关系，认为咨询师自身的特质，如真诚、温暖、积极、尊重、共情等决定了咨询主客体双方的关系。咨询师应使来访者把在咨询过程中学到的东西进行转换并应用到咨询以外的人际关系上。罗杰斯非常重视建立来访者与咨询师之间的"心理气氛"。他认为，"咨询的成功并非依赖于咨询师高超的技巧，而是依赖于咨询师具有某种态度"。也就是说，这种心理气氛对来访者人格的改变所产生的影响远远大于咨询师所采用的咨询方法。

咨询条件概括起来有以下六点。

（1）强调双方的意义性联系。

（2）来访者内心体验到焦虑与脆弱，处于不一致状态。

（3）咨询师与来访者双方保持真诚一致。

（4）咨询师对来访者表现出无条件地接受。来访者受到无条件的积极关注，但并不意味着咨询师完全认可来访者的行为，而是通过接受达到深层次沟通。

（5）咨询师常将来访者的内在结构当成自己的，通过同情性理解，对来访者的陈述给予反馈，使来访者有被人理解的感受。

（6）来访者须感觉到咨询师的真诚与积极关注，以建立富有建设性的沟通关系。尊重来访者，相信他们具有成长的潜力和自我向导能力，真诚地理解他们的经验和体验，关注他们，使他们发展独特的自我。

（三）咨询过程

罗杰斯认为，咨询的过程一般可以分为有机联系的 12 个步骤。

（1）咨询成功的前提条件是来访者前来求助，这表明他们有接受咨询的愿望。

（2）咨询师向来访者介绍个人中心法的特点，创造一种有助于来访者自发成长的气氛。

（3）鼓励来访者的自由表现，也就是以友好、诚恳的态度接受对方，促进对方无顾虑地表达自己。

（4）咨询师能够认识、接受、澄清来访者的否定情感。咨询师应深入来访者的内心深处，善于发现对方暗含的情感，如矛盾、敌意或不适应的情感，以其接受的态度加以处理或予以澄清，使来访者对自己的情感有更明确的认识。

（5）来访者情感的触动。当否定的态度充分暴露之后，带有模糊性的肯定态度将萌生，情感触动由此开始。

（6）对来访者肯定的态度加以认识和接受，也就是对来访者表现的肯定态度予以接受，并促其加深自我了解和领悟。

（7）来访者接受真实的自我。来访者开始变换一种心境看待自己，重新考察自己，抛开否定、歪曲情感和经历的念头，重新接受真实的自我。

（8）帮助来访者分析可能的决定及应采取的行动。当咨询涉及做出决定或采取行动时，咨询师要协助来访者分析其可能做出的选择。

（9）疗效的产生。来访者通过领悟产生了某种积极的尝试性行为，这表明疗效已经产生。

（10）进一步扩大疗效。当来访者已能有所领悟并做出积极尝试后，接下来就应促其将领悟达到更深、更广的范围。因为来访者对自我的了解越正确、越全面，就越会以更大的勇气来面对自己的经历和体验。

（11）来访者的全面成长表现在整体的积极行为增长的过程之中，并以较大的信心进行自我指导。

（12）咨询结束。来访者感觉到无须再寻求咨询师的帮助时，咨询关系就此达到了接受真实自我的境地。

（四）贡献与局限

个人中心疗法强调来访者作为认识主体的主观能动性，咨询师应采取积极乐观的态度对待任何一个来访者，注重来访者个人的内在价值和主观体验，强调以咨询师的态度为中心，这些观点对心理咨询的理论和方法是一种冲击，有一定的积极价值。

就其局限而言，个人中心法不适用于处理危机中需要给予某些指导性策略的来访者，也不适用于无法用口语表达的来访者。另外，忽视来访者的历史因素，不在意咨询师的价值观对来访者的影响等都有其局限性。

二、人本主义咨询方法

人本主义心理咨询方法始终强调人的善性。就个体而言，之所以产生这样那样的心理问题，主要是因为自我发生了扭曲，从而导致人类潜在的"向善性"受到抑制。人本主义咨询方法主张咨询时由咨询师设法帮助来访者创造一种充满关怀和信任的氛围，其目的在于恢复来访者原已被扭曲了的自我，充分发挥来访者自我完善的潜能，最终实现真正地适应现实生活。该方法关注的是咨询师与来访者之间的关系，将咨询师的态度而不是技术置于第一位，强调把指导、分析、探究、诊断、收集个案等降到最低程度。常见的人本主义咨询方法有以下六种。

（一）来访者中心疗法

虽然我们称之为人本主义咨询方法，但实质上人本主义咨询方法并非方法，更确切地说，它是一种咨询理念。这一理念的核心内容是：通过提供一种合适的氛围，调动来访者自身的潜力，以此来引导他们进行自我探索，帮助他们正确认识成长过程中的障碍，切身体验曾被否定、被扭曲的自我，从而实现相信自己并勇于展示自我，增加其自发性。在来访者中心疗法中，咨询态度是至关重要的，融洽的咨询关系是促使咨询获得进展的决定性因素。通常，以下四种态度被认为是最为重要的。

1. 表里如一

表里如一指的是咨询师的态度是真诚的，不夹杂虚假、伪装成分。无论咨询师对其内心的情感和态度满意与否，都要毫无保留地表达出来。这对于创建人与人之间的互信十分重要。

2. 接受

接受即无条件地给来访者以积极的关注。首先，咨询师应将来访者视作独立的有特色的个体，允许他们有自己的感受和经验，且一定不以好与坏去看待这些感受和经验；其次，咨询师还应将来访者视为有价值的人去尊重。咨询师一定要接受并尊重来访者此时此刻的态度，而不管其积极与否，是否前后矛盾。这种态度就为咨询营造出一种温馨、安全的咨询关系。

3. "神入"理解

所谓"神入"，指的是咨询师感到来访者的个人世界仿佛就是自己的世界，但又不失"仿佛"的性质。"神入"理解意即咨询师要懂得换位思考，能设身处地地理解来访者的内心世界。如果咨询师不理解，接受就无从谈起。只有咨询师理解并接受了来访者，包括他的情感、他的思想，来访者才能自由地触及并展现被隐蔽起来的内心经历。

4. 表达

所谓表达，指的是咨询师运用言语或非言语的方式，将自己的表里如一、接受和理解向来访者表达出来，其目的在于让来访者能够觉察和体悟到。这一点是十分重要的，否则就毫无价值。

（二）Q-分类法

罗杰斯认为，每个个体都是有价值的人，具有自我指导的权利和能力。人是由他们对自我和周围现实的意识感知所指导的，并非是由他们无法控制的非意识力量所驱使的。一个人的最高指导原则是他自己的意识经验，这种经验为人格的不断发展提供了智力和情绪的组织结构。罗杰斯强调，研究人格不能像弗洛伊德那样把着眼点放在儿童早期的大小便训练或性体验上，对健康的人格来说，现实及我们如何认识现实要比过去更为重要。虽然过去的经验也能影响到我们感知现实的方式，但是我们需要研究的是现在而不是过去。因为每个人都希望为他人（特别是周围重要的人物）所接受或认可。如果一个人信任、体贴、关心或尊重自己，他就会产生无条件的、积极的自我关注。由于一个人需要得到别人的承认与关注，所以他可能为了得到别人的关心和赞扬而去做威胁着自己的自我观念和个人价值的事情，这之间产生的不协调会导致紧张、焦虑等不良心理反应，从而困扰他的正常生活。因此，在咨询过程中要区分出"现实的自我"和"理想的自我"。

罗杰斯基于上述理论假设在临床实践中创制了Q-分类法。Q-分类法基于以下假设：①来访者能准确地描述自己，罗杰斯称之为"真实的自我"；②来访者能描述那些他希望具有的但现在并不具有的特征，罗杰斯称之为"理想的自我"。

Q-分类法的实施步骤如下：①给来访者100张写有许多形容词或句子的卡片，在理论上可以认为这100种陈述代表着个人各种可能的自我概念；②要求来访者从中选择那些最能描述自己风格的卡片，这一选择也是来访者自我分类的体现；③要求来访者对排列的卡片分类，这样就能借助对卡片的描述，经深入分析而探知来访者理想的自我。

罗杰斯认为，Q-分类法能够检验出咨询开始阶段、咨询期间和咨询结束时来访者的真实自我和理想自我之间的关系。这种数量化检验通常运用相关系数，两者正相关趋势越强，正相关系数取值就越高，否则负相关系数取值就越高。一般情况下，在咨询开始阶段，来访者的真实自我和理想自我之间差距很大，呈负相关。但随着咨询的逐渐深入，两者间的差距逐步缩小，正相关度逐渐增加。这恰恰是咨询的目的之所在。

（三）交友小组

交友小组指的是利用集体的形式和氛围帮助人们改变其适应不良行为或解决心理问题的一种途径。其目的在于通过降低人们的社会性障碍，使其能将真实的自我暴露出来。交友小组旨在创造适宜的人际环境，使每个成员都能最大限度地发挥个人潜能，消除心理障碍，从而达到能够顺畅表达自己真实情感的目的。

当然，这一过程的实现并不总是一帆风顺的，成员间难免会出现不和谐、不配合，甚至有时会出现敌对和攻击。但这种情况不会长久持续下去，通过协调和交流，最终会使每个成员都体会到其他成员对自己的关心和尊重，体悟到自己存在的价值，从而改变自己的不良行为，对生活充满信心。

交友小组适宜在一个宽敞的房间里举行，各成员可席地而坐，时间宜控制在 2 小时左右，以周末为佳。这一活动的原则主要包括以下内容。

（1）目的在于帮助每个成员通过自知、自爱、自重，从而懂得对自己负责。

（2）无论对己还是对人，坦诚而不掩饰、不造作。

（3）每个成员去留自由，任何人不得人为设置障碍限制这种自由。

（4）活动如何开展由小组成员集体决定，而不是由个别促进者决定。

（四）敏感训练

敏感训练是根据勒温的集体动力学和场论学说以及罗杰斯的社会关系和心理治疗思想建立起来的。它是交友小组的一种心理训练形式，通常设有主持人并定期聚会，其目的在于训练每个成员既学习理解自己和同组成员，也学习理解整个社会，进而提高其社会交往能力、技巧和人际敏感度。

（五）真实疗法

真实疗法是由美国学者斯特恩倡导的一种心理咨询方法，旨在帮助来访者直面现实，发现真实自我。真实疗法认为，人们之所以会产生精神病症、心理困扰、人格障碍等症状，是因为在社会、家庭约束和传统文化禁锢等压力下放弃了自己真实的要求，不敢也不愿承认和面对自己真实情感的结果。为使真实疗法取得理想效果，咨询师在实施咨询时必须向来访者呈现一种稳定而可信的状态。同时，咨询师还要持久地关注来访者的幻想、直觉和梦幻等，并设法帮助来访者接受这些源自以自我为中心的产物。

（六）现实疗法

现实疗法是由美国精神病学家格雷赛基于人本主义观点而创立的一种心理疗法。1965年，格雷赛的《现实疗法》一书的出版标志着现实疗法的正式提出。四年后，格雷赛又出版了《没有失败的学校》一书，进一步阐释了此法在学校管理中的应用。格雷赛认为，一个人的心理是否健康取决于其能否负责任地生活，在不损害自己与他人的前提下满足自己的基本需要——爱与被爱的需要，在能够感到有价值的过程中生活。人的行为动机是实现自己的需求，如果连基本需求都没有得到较好地满足，他就会体验到一种"失败的统合感"，也叫未能实现"个人统一性"，这种"失败的统合感"正是所有心理困扰的根源。

为了消弭来访者的这种"失败的统合感"，咨询师需要设法探知来访者潜在的力量和积极品质，帮助其增强责任感，和谐人际关系，配合来访者设计新的行为，并督促他们付诸实施。

　　作为一种教学技术，现实疗法需要让来访者真正理解现实的含义和如何在现实的范围内实施负责任的行为。首先，施教前，咨询师要为来访者营造一种亲密的、信任的、平等的互动氛围，让来访者感到被接纳、尊重和信任，从而体验自我价值感；其次，咨询师还要与来访者坦诚探讨当前行为，鼓励并支持来访者对自己的行为进行评价，使其认识到过去的行为不能满足其需要，关键是因为那些不负责任的行为；最后，咨询师要有针对性地帮助来访者选择、设计行为计划，并督促来访者严格履行计划，虽然提倡不使用惩罚手段，但要求来访者自己承担后果。

　　在此应强调的是，在实施现实疗法的过程中，难免会遇到困难与挫折，但无论困难和挫折有多大，咨询师务必永不言弃，并设法将这一坚持到底的决心完整地传递给来访者。因为咨询师应该清醒地认识到，放弃就意味着承认和接受失败，是对来访者自我价值感的沉重打击。

第五章　大学生心理健康教育的方法

第一节　构建心理危机干预系统

20 世纪 90 年代末，世界卫生组织专家指出：从现在到 21 世纪中叶，没有任何一种灾难能像心理危机那样给人们带来持续而深刻的痛苦。人类已从"传染疾病时代""躯体疾病时代"步入了"精神疾病时代"。伴随着高等教育的飞速发展，越来越多的青年有机会进入大学，接受高等教育。高校学生已经逐渐从"天之骄子"的神坛上回归现实生活，承受理想与现实的冲突，面对来自就业、生活的压力，迎接机遇与挑战。

根据心理危机理论，探讨高校学生心理危机的特点，构建大学生心理危机干预系统，对于积极减轻高校学生心理压力，提高学生自身心理素质，构建和谐校园有非常重要的意义。

一、心理危机和危机干预的概念

危机在《辞海》中的解释为"危机是一种紧急状态"。确定心理危机须具备下列三个条件：①出现较大心理压力的生活事件；②出现一些不适感觉，但尚未达到精神病程度，不符合任何精神病诊断；③依靠个体自身能力无法应付困境。

危机干预又称为危机介入、危机管理或危机调解。我国学者季建林认为，危机干预是一种通过调动处于危机之中个体的自身潜能，重建或恢复危机爆发前的心理平衡的心理咨询和治疗技术。马湘培认为，危机干预是提供紧急支援（社会支持），帮助当事人渡过难关，重建心理平衡与获得健康。危机干预不同于一般的心理咨询和治疗，其是一种特殊的心理咨询服务、一种在紧急情况下的短程心理治疗。

心理危机干预的理想目标是增强个体抵御危机的能力，培养健全的心理机能，促进其成长和发展。与普通心理咨询相比，心理危机干预突出的特点是帮助的及时性、迅速性，其有效的行动是立见成败的关键。

二、高校学生心理危机类型

心理学家提出应用危机理论，把危机分为发展性危机、境遇性危机、生存性危机。发展性危机是指正常成长过程中，急剧的变化或转变所导致的异常反应。境遇性危机是指出现罕见或超常事件，且无法预测和控制时出现的危机，具有随机性、突然性、震撼性、强烈性、灾难性和不可预见性。而生存性危机是指存在性危机，伴随着重要的人生问题，如关于人生目的、责任、独立性、自由和承诺等出现的内部冲突和焦虑。

心理危机的产生是应激源和个体易感性共同作用的结果。高校学生个体所处的内外环境是不断地变化的，而高校学生个体处于青春后期，也在不断地进行自我调整。在学习和生活中，他们总是会面临一些无法应对的情境，如家庭矛盾、经济压力、恋爱或失恋、人际关系困难、竞争失利等，这些事件都有可能成为诱发他们心理不平衡的应激源。对于一些同学而言，由于受到个人人格特质、生活经验、家庭教育方式等的影响，一些在其他人看来很小的事件，就有可能使他们陷入心理危机。高校学生的心理危机主要是指在学习、生活期间出现的中至重度抑郁、严重焦虑、极度冲动行为、吸毒、酗酒、自伤或自杀、突发精神疾病，以及遭遇罕见或超常事件（如突发重大疾病、家庭内的重大变故等）且无法预测和控制时出现的心理危机状态。

三、积极构建大学生心理危机干预体系

目前，高校学生心理危机干预的主要工作有：建立高校学生心理咨询中心进行理论研究，开通心理危机干预热线进行实践干预，建立一定的心理危机预防、干预、反应机制等。建立大学生心理危机干预体系包括设置心理危机干预机构、建立心理危机干预制度等。其中，首先是要设立危机干预中心，明确各部门的职责和任务，形成一套完善的运行机制；其次是要完善制度建设，如建立高校学生心理健康普查制度、心理咨询值班及管理制度、高校学生心理健康汇报制度、心理危机干预制度。

1. 建立大学生心理危机干预中心

心理危机干预中心的两大职能是预防和干预，大学生的心理危机工作要立足教育，重在预防。为了使心理危机干预工作顺利开展，首先应该成立学生心理危机干预工作领导小组，获得政策支持和制度保障；同时设立学院心理危机干预中心，在心理危机干预工作领导小组的指导下，统筹学院各方面资源，协调各部门，总体规划学院的心理危机干预工作，制定心理危机干预的方案、细则；在各系、部设立心理危机干预小组，将心理危机预警系统向系、部、班级延伸。

第一，开展高校学生心理健康状况普查工作，建立在校生心理健康档案。密切关注高校学生的心理发展，对心理危机的高危人群做出及时评估、诊断和预警，建立干预对象档

案库，并定期追踪观察，做到及时发现、及时指导、及时帮助。

第二，促进心理危机自救知识在高校学生中的普及和推广。通过开展心理危机专题，使高校学生对于危机的含义、特征和症状表现有一个基本的了解，掌握一定的危机救助技巧，树立积极的求助与助人意识。

第三，开展多种形式的心理咨询。除了进行常规的面对面心理咨询，借助电话咨询开设危机求助热线以及开展网络咨询等，既可以不暴露自己，又可以充分敞开心扉，能有效地帮助学生化解心理危机。

第四，及时为危机事件的当事人和所涉及的学生提供心理危机援助，必要时进行转诊，并做好心理危机当事人的跟踪援助工作，帮助当事人解决危机，恢复心理功能和心态平衡，重新掌握应变能力。

2. 加强心理危机干预队伍专业化建设

心理危机干预不同于一般的帮助，它具有医学、心理、社会的复合性，没有相关的专业知识和技能是难以胜任该项工作的。大学生要成立心理危机干预队伍，从保卫部门、校医院、学工处、心理健康教育及心理咨询中心选拔人员，并对其开展危机干预知识和技能技巧的培训。要加强对大学生的危机干预，增强他们的职业素质和道德素质，做到诚实、当事人利益至上，为当事人保密，满足当事人的知情选择权。要培养他们的自我反省能力，危机干预教师要了解自己的创伤，以及这些创伤对自己潜在的影响等。同时，危机干预教师要有镇定的心态和充沛的精力，要能真诚、热情地帮助当事人，并始终如一。要学会自我情绪的调整，保持良好的精神状态。大学生心理干预必须走专业化道路，坚持高起点原则，才能逐步提高危机干预的能力和水平。同时，应加强同精神专科医院、社会危机干预机构的联系与合作。

3. 建立危机干预动态预警机制

建立学生心理危机预警机制是引导学生正确认识心理危机、理性处理心理危机、适时把握转机、获得良好发展的重要措施。为了及时了解预警对象的情况，可在每班设一名"心理委员"，即班级心理健康联络员，他们是心理危机干预队伍的重要组成部分。以"班级心理委员"为基础创建心理危机干预动态预警机制是完善心理危机预警系统的重要举措。

心理委员负责心理健康信息的上传下达，重点关注本班的危机个体。要发挥心理委员的预警作用，首先要做好班级心理委员的培训工作。要建立预警信息动态评估制度，当预警对象出现危机状态时，根据学生心理危机的评定参考标准，评价其危机的严重程度，确定是否进行上报，从而采取及时、有效的措施。

4. 建立心理危机处理机制

一旦发生突发性危机事件，危机处理系统的运行状况就直接关系到当事人的生命。高校学生心理危机大多发生在学校，一旦学生发生心理危机，危机干预人员就要根据预案迅速行动，采取挽救措施，同时上报危机干预领导小组，并通知家长共同处理。如果心理危机进一步恶化，已超过学校和家长所能解决的范围，学校和家长需要当机立断，迅速求助社会，请求专业心理治疗机构介入。

首先，要对度过心理危机的学生继续进行危机援助。要给予学生心理上的支持和学习、生活上的关怀，使学生真正从危机事件中恢复过来，过正常、健康的生活。如果危机没有得到恰当处理，即使当事人把它压制在意识之外，它也会在当事人的生活中反复出现，对当事人有潜在而巨大的影响，一旦新的刺激或事件发生，就会把个人带回到危机状态之中。

其次，对与当事人有关的学生进行帮助和治疗。对于目睹危机事件的学生，由于他们参与或目睹了危机事件，危机事件也会对他们的学习和生活产生极大的影响。但在实际工作中，由于种种原因，人们往往忽视了这些同学的心理危机，使他们难以得到关注和帮助。例如，自杀学生的室友，他们会对自杀同学的行为感到惊讶、困惑、后悔或自责，甚至恐惧，这些情绪都会极大地影响他们的学习和生活，因此对他们进行危机干预也是非常必要的。危机干预不仅要帮助他们接受这个事件，而且可以通过危机后干预使他们帮助其他人。

5. 加强对高校学生的心理素质教育

随着社会经济的发展，高校学校的教育需要从片面注重培养学生技能转变到注重学生的全面、健康发展上来，需要将学生的心理素质、身体素质、科学文化素质、职业素质等多种素质发展相结合，转变思路，促进学生人格的全面、健康发展。在学生工作方面，尤其需要从过去单纯的管理转向支持、引导，促进学生自我管理，按照"学会学习、学会思考、学会生活"的目标塑造符合社会和文化发展的新型高技能型人才。

在教育教学过程中渗透对学生积极品质和人格的培养，构建尊重学生、理解学生、关心学生的和谐育人氛围，促进学生实现自我心态调整、自我行为约束、自我管理教育。加大对高校学生心理健康教育的力度和广度，积极拓展主渠道方式，积极发展心理素质拓展活动和心理健康文化宣传活动，积极营造有利于学生健康成长的校园文化环境，拓展高校学生心理素质教育的空间，使高校学生的心理、才智、品性、技能等得到协调发展。

6. 培养高校学生自我应对危机的能力

心理危机与自我认识有着密切的关系，如果一个人能够建立正确的自我认知，很多心理危机就会迎刃而解。心理危机是个人成长的伴生物，人的成长就是在心理危机中一次次的自我突破与自我提升的，是一次次超越挫折与失败的阻碍而达到自我发展与成长的过程，更是一步步深入认识自我、完善自我的过程。因此，正确认识心理危机，以心理危机为契机，就可能在心理危机干预过程中实现自我成长。

心理危机干预在干预之外，要重在预防，要通过各种方法和手段提高学生对于心理危机的抵抗能力。向学生宣传普及心理健康知识，使其了解自身，了解心理健康对成长、成才的重要意义，树立心理健康意识；介绍增进心理健康的途径，使学生掌握科学、有效的学习方法，养成良好的学习习惯，积极开发自身潜能，培养创新精神和实践能力；传授心理调适的方法，使学生学会自我心理调适，有效消除心理困惑，自觉培养坚韧不拔的意志和艰苦奋斗的精神，提高承受和应对挫折的能力；解析心理异常现象，提高承受和应对挫折的能力，使学生了解常见心理问题产生的原因及主要表现，以科学的态度应对各种心理问题，提高应对心理危机的能力。

第二节　构建心理健康测评系统

采用合作学习的方法对学生心理健康的能力进行研究，从而得出相关的测评结论。某校经济管理干部学院在体育教学中采用了合作学习的教学方法，使学生心理健康研究取得了重要成果，转摘如下。

一、研究的基本内容和方法

1. 研究内容

本文的研究以体育教学为载体，以合作学习教学法为手段，发展大学生的心理健康能力，包括认知能力、情绪调控能力、人际交往能力、意志与抗挫折能力、环境适应能力、行为规范能力、优化个性能力等。

2. 研究对象

该校经济职业技术学院 2020 级体育选项健美操课学生。

3. 研究方法

（1）问卷调查法

研究工具采用编制心理健康能力问卷，分为认知、个性、情绪、交往与责任、挫折五个方面。经有关专家认定，该问卷能较全面地反映大学生心理健康能力，经过信度和效度的检验，可以作为本课题的研究工具。

（2）文献资料法

查阅相关研究的文献书籍 10 部、相关杂志文献 20 余篇，并进行了相关资料的网上查询，以此吸取前人的研究经验，作为理论基础。

（3）访谈法

请教相关专家对研究方案设计进行可行性论证，在实验中访问相关学生的辅导员、任课教师、学生社团负责人，了解研究对象心理健康的变化情况。

（4）数据统计法

对取得的数据进行处理。

（5）实验法

将研究对象的 70 名学生分为实验班 35 人、对照班 35 人，两个班的教学内容和教学时数相同，对照班采用常规教学，实验班采用合作学习教学法和相应的评价方法进行教学。问卷填写前给被测者统一的指导语，要求独立并真实填写，实验前后共发放问卷 70 份，回收率为100%，用测量—再测量的方法进行信度检验。

（6）比较法

通过实验班与对照班的比较，鉴别其差别的显著性。

4. 实验时间

2020年10月至2021年1月，进行15周教学，每周2学时。

二、实验过程和结果分析

1. 实验过程

（1）基本技术教学

课前采用强弱异质化的分组原理，根据学生上学期体育成绩，采用前后搭配不断向中间过渡的分组形式，将学生分为3~4人一组。初步学习时在组内结对，当同一小组两对都能完成动作后，他们就加入整个小组的互动中，在小组的互动中提出新的目标，共同完成。

（2）基本技能教学

将学生分为4~6人（异质化）一组，给学生承担领导者以及其他角色的机会，如由学生轮流担任见习教师、体委、小组长等角色，教育学生互相支撑、积极配合。在教学中安排一定的小组讨论和互动的时间，让学生在讨论中对健美操技术和理论有更深的理解。在教学中，教师要抓住时机，合理、适宜地进行心理健康教育。

（3）能力展示教学

通过小组间的表演比赛，培养学生的合作与竞争意识，并能正确认识胜利和失败，把握好自己的心态。在比赛时，将学生有目的地进行分组和角色分配，如教练员、队员、队长、裁判员等角色分配，通过角色的互换，使学生认识到每个角色的重要性，从而互相信任，改善人际关系，学会尊重自己和尊重他人，同时也能表现自我，体现自身的价值。

（4）实验班成绩评价方法

其由学生自我评价、学生相互评价、教师评价三部分组成，评价内容分为体能、专项知识与技能、学习态度、情意表现与合作精神、健康行为、体育道德规范等。在评价时要兼顾学生的学习过程和学习终端。

2. 结果与分析

（1）实验结果

实验班的学生在认知、个性、情绪、交往、挫折方面的能力均高于对照班，除挫折外，其他能力具有显著性的差异。由此可知，健美操合作教学法对大学生的心理健康能力产生了积极影响。

（2）结果分析

1）认知方面：认知是指大学生的认识过程，是刺激和反应的终结，认知是否合理直接影响人的心理健康。心理专家认为，人的大部分情绪困扰和心理问题都来源于对环境、对他人、对自己认知的不科学和不合理。因此，培养人的认知能力是十分重要的。本研究的实验班，体育教学运用合作学习教学法为培养认知能力提供了具体情境，大学生在合作学习中做出直接的反应，使他们在健美操集体活动中因感悟、比较而做出积极、合理的选择，保持健康的心态，防止认知上的偏差。而对照班采用传统教学法，健美操教学本身又不是集体配合项目，学生在自我练习中，认知能力虽然有提高，但不显著。

2）个性方面：心理学家马斯洛认为："人的个性发展最完善、最高级的形式就是健康的个性。"研究个性离不开活动，体育教学是人的行为活动，合作学习这种富有创造性的体育教学对学生个性发展起着积极的促进作用。在合作学习中，无论是小组学习还是组间表演比赛，每个人的思维活动与机体活动紧密结合，使他们的个性充分地显示出来，并得到充分的发展。在合作学习中，不同的分工产生不同的角色，使个性有选择活动的作用，运动又在改造着个性，尤其是对人的性格、意志、情感等心理特征起着积极的作用。同时，团体的取胜使学生可以从中尝到成功的喜悦和得到尊重的心理满足，从而证明了自己的能力，增强了自信和自尊，使个性得到合理的调整和发展。

3）情绪情感方面：积极的情感教育能促进学生身心健康发展。有关研究证明：在环境引起的各种心理刺激下，人首先产生各种形式的情绪情感反应，如焦虑、悲伤、愤怒等。在体育教学中，帮助学生消除消极的情绪情感，形成积极的情绪情感，对培养心理健康能力非常重要。在合作学习中，许多大学生在练习的过程中经常面带微笑、心情愉快，而且学习气氛非常轻松愉快，在交流中也体验到学习的快乐，使他们情绪高涨、心理积极向上。同时，在教师的引导下，学生学会了控制情绪方向、创造了良好的心境、提高了应激能力及培养了高尚的情操。本实验中，实验班学生的情感和情绪调控能力与对照班相比，具有显著性的变化。

4）交往、责任方面：合作学习强调小组学习目标和个人的责任，成员都会为共同的目标齐心协力、共同努力、共同进步。合作学习增强了交往的主动性和积极性，能很好地协调人际关系。在合作学习中，学生能正确了解人际交往中的种种偏见，能正确了解同学和评价同学，从而优化自己的个性修养，学会在交往中调试自己的心理反应，使同学之间的关系更加协调、融洽。另外，这种学习方式是团体心理治疗的认知疗法和行为疗法在体育教学中的运用，它能有效地预防心理障碍的发生。实验结果表明：实验班交往能力的提高与对照班相比，差异非常显著。

5）挫折方面：通过体育教学竞赛使大学生承受挫折与失败的能力增强。体育竞赛有着严格的纪律与规则要求，这有利于培养大学生的纪律性、公平竞争、创新意识以及团结与开拓进取的精神。竞赛时的运动强度和节奏对人的心理施以一定的影响，使人的神经系统兴奋点发生转移，因而可以缓解心理的紧张状态，消除身心上的疲劳和消极的心理导向，为积攒的各种消极情绪提供一个公开的、合理化的发泄口，从而达到心理平衡。因此，体育竞赛也是预防和治疗忧郁、焦虑等心理障碍的有效手段之一。

三、结论与建议

（1）大学生心理健康教育不仅应注重知识的掌握，更应注重能力的培养。建议教育者从不同的途径培养大学生的心理健康能力。

（2）符合心理发展的体育教学方法有助于大学生对身心健康知识的掌握和能力的提高。

（3）合作学习教学法能有效地提高大学生的认知能力和情感调控能力，培养大学生积极进取的人格精神和坚强的意志，使大学生学会沟通、交流、协作，在学习中建立起积极的、相互支持的同伴关系，提高大学生的竞争意识、适应各种环境和应变的能力及抗挫折能力，使大学生明白责任和义务，从而有助于大学生学会关心集体、尊重他人、团结友爱、遵纪守法。

（4）符合心理发展的体育教学方法和相适应的评价方法相结合，更有利于心理健康能力的提高。

（5）教学有法，法无定法。建议体育教师结合具体实际，有效地应用适合心理发展的教法，并进行优化组合，使培养大学生心理健康能力的体育教学法更加完善。

第三节　亲和力心理学实验的作用与方法

个体的认知、情绪情感和意志是过程的形式存在，它们都要经历发生、发展和结束的不同阶段。对于认知系统尚不完善、情绪情感体验丰富、意志相对薄弱的高校学生来讲，校园文化能有效地改善学生认知结构，调节其情绪，激发其积极情感，磨炼其意志。高校文化中那些先进的理念对于学生形成正确的职业观影响甚大，成功人士的个案分析、典型示范能有效激发学生的成就动机、成才意识。高校文化中的实践体验课程对于磨炼学生意志，培养他们吃苦耐劳、敬业奉献的高尚情操有重要的作用。很多研究也已表明，这种环境的影响功能是巨大的。学生在特定的文化氛围中，通过感知不同思想理念，丰富与改善个体已有的经验，在参与不同文化活动的过程中，体验着不同的情感，同时也有利于培养意志力。目前有的学校有针对性地开展了挫折教育，这种教育氛围对培养学生耐挫力、磨炼意志影响很大。由此可见，校园文化对学生的心理过程会产生重要影响，具有必然性和客观性。

个性是创造的源泉。尊重学生个性，创设安全、自由、和谐的环境氛围是学生个性发展的外在条件保障。要使学生保持良好的心理状态，就必须让学生感到"心理安全"和"心理自由"，就必须使学生认同这种尊重个性的环境，并产生安全感，满足归属需求，能够比较自由地思考；如果学生产生了心理压力，失去了心理的安全感，就会失去信心，甚至产生焦虑不安的情绪情感体验。因此，很好地贯彻民主与愉悦原则，相互尊重，创造和谐的心理环境，保持密切的师生关系，使学生心情舒畅，保持良好的心理状态非常重要。理想精神的浸润、师生之间的交流、学术大师的人格魅力和卓著声望的熏陶、优美的校园风光和人性化的管理等都是学生张扬个性的保障。只有创设和谐的心理环境，满足学生尊重与自我实现的心理需求，才能促进学生的成长成才。有鉴于此，心理健康教育可以采用亲和力心理学实验的办法提高效率。

一、在尊重学生的前提下，接受学生的本来自我

和谐的师生关系是开展一切教育活动的基础。缺少这一基础，教育活动就无法深入进行，更无法取得预期的效果。按照罗杰斯的理论，建立和谐的师生关系的原则是尊重、真实、接受和理解。

1. 尊重学生

按照马斯洛的观点，尊重是人类较高层次的需求，每个人都有获得别人尊重的需要，尊重需要的满足可以促进人的自我实现，不断提升自己。尊重学生就是尊重学生的人格，充分认识到他们的独立性；就是尊重学生的创新意识、创新思维，不要打击、挖苦学生的一些新奇的想法，而要帮其分析其中的可行性，助其实施；就是尊重学生的隐私，每个人都有自己的私人空间，没有得到学生的同意，我们没有权利将其传播出去。

2. 接受学生

世界上的任何人、事、物都不会十全十美，我们的学生也是如此，要允许学生有缺点、犯错误。如果学生都是完美的，那教育者就没有存在的必要了。不要去苛求任何人，不要因为学生表现出的一个小小的缺点，就剥夺他享受你的爱的权利。爱一个人的缺点，就能接近这个缺点，也就能找到这个缺点的成因，那自然就能对症下药，这也就是我们经常说的因材施教。而且教育的目的就是使学生更加成熟、完善，而不是完美。

3. 理解学生

良好的师生关系的建立需要教师与学生经常沟通，学会倾听学生的心声，获取第一手真实、可靠的信息。这样才能对学生的行为做出准确的判断，分清思想问题与心理问题，找准问题的根源，进而采用相应的教育手段进行干预和引导。在实际工作中，教师通过举办一些简单的团体活动，既可以融洽师生关系，增进师生间的彼此信任和了解，又可以培养学生与人沟通的能力。这些活动的内容可以是猜猜我是谁、信任考验和聆听技巧训练等。

二、激发学生的自我意识

自我意识是一个人对自己的认识和评价，包括对自己的心理倾向、个性心理特征和心理过程的认识与评价。人由于具有自我意识，因而能对自己的思想和行为进行自我控制和

调节，使自己形成完整的个性。自我意识影响着人的道德判断和个性的形成，尤其对个性倾向性的形成更为重要。在学习活动中，这种自我意识、自我监督、自我检查、自我调节和自我修正的认知实质上是一种反馈活动，它对个体的学习提高有着重要的意义。在思想政治教育中使用心理学的方法，目的就是要激发学生的这种自我意识，促使其不断地自我发展、自我完善。具体来讲，可以使用以下方法。

1. 让学生知道我是谁

"人贵有自知之明"，全面而正确的自我认知是培养健全的自我意识的基础。自我认知是从多方位建立的，既有自己的认识与评价，又有他人的评价。我们可以通过一些活动帮助学生正确地认识自己。对自己的评价与认识可以通过"20 个我是谁"、自我分析报告、乔韩窗口理论等活动进行，引导学生关注自己、剖析自己。在此基础上，让他们再进一步思考他观自我的描述，即自己认为别人是怎么看待自己、评价自己的，通过"人际关系中的自我"的活动促进自己更加全面地认识自我。活动具体操作如下。

（1）20 个我是谁

目的：认识并接纳自我，认识并接纳独特的他人。

时间：约 50 分钟。

准备：1 张白纸、1 支铅笔。

操作：指导者可以先找出一个成员示范，连续让他回答"我是谁"，当他说出一些众所周知的特征时，如"我是男人"，指导者告诉大家，这种回答不反映个人特征，应尽量选择一些能反映个人风格的语句，然后指导者让大家开始边思考边回答"我是谁"这个问题，至少写出 20 个。当指导者看到最后一位放下笔时，请团体成员在小组（5~6 人）内交流。任何人都抱着理解他人的心情，去认识团体内一个个独特的人。最后指导者请每个小组的代表发言，交流活动的感受。

（2）乔韩窗口理论

美国心理学家约翰·威廉·阿特金森（John William Atkinson）和哈里·哈洛（Harry F. Harlow）提出关于人自我认识的窗口理论，又称为乔韩窗口理论。他们认为人对自己的认识是一个不断探索的过程，因为每个人的自我都有四部分：公开的自我、盲目的自我、秘密的自我和未知的自我。我们教育者就是要创造机会和条件让学生自我开放、扩大公开，通过他人的反馈，减少盲目的自我，以便了解自己的另外一面，即自己不察觉，同时不易被自己接纳的一面。而心理咨询中的团体咨询正好提供了这个机会，使成员在轻松愉快的氛围中，毫不伪装地、真诚地表现自己，同时获得真诚的反馈，从而更全面、更深刻地认识自己。而团体咨询中的这些团体活动可以应用在我们的日常思想政治教育中，如开班会的时候、对于有着相同要解决问题的同学（如经济困难学生、人际关系敏感学生、学生干部等），甚至可应用在教学活动中，使我们的思想政治教育的形式更加灵活，对学生的吸引力更强，对学生的帮助更大。

（3）人际关系中的我

目的：促进成员全面认识自我。

时间：约 60 分钟。

准备：每人 1 张表（见表 5-1）、1 支铅笔。

操作：每人发一张表，自己思考后填写；填完大家一起交流，填写的过程反映出不同的心态，有些人再一次肯定积极而可爱的自我，但有些人却引发一些长期压抑的感受。指导者要特别注意：成员对哪一个人的看法最重视？为什么？最难填写的是什么？为什么有人填不出来？成员填的内容最多的是正面的还是负面的？然后引导成员做出探索。这个活动可以从多角度来看自我，有助于成员全面认识自己。同时，也可以在他人的鼓励下做深入的自我探索。

表 5-1　人际关系中的我调查表

父亲眼中的我	兄弟姐妹眼中的我	朋友（老师）眼中的我	自己眼中的我
母亲眼中的我	同学眼中的我	恋人眼中的我	自己理想中的我

2. 让学生明白我就是我

一个人只有在正确的自我认知的基础上，正确地悦纳自我，才能达到有效的自我控制。因此，自我悦纳是自我意识健康发展的关键所在。悦纳自我首先要接纳自己、喜欢自己、欣赏自己、体会自我的独特性，在此基础上体验价值感、幸福感、愉快感与满足感；其次要理智与客观地对待自己的长处与不足，冷静地看待得与失。教育者的任务就是帮助学生发现自己的闪光点，并积累这些闪光点。

（1）让学生明白每个人的生命都是有价值的。指导者手里高举着一张钞票，面对教室里的学生，问："谁要这 20 元？"（有人举手后）接着说："我打算把这张钞票送给你们中的一位，但在这之前，请准许我做一件事。"指导者将钞票揉成一团，然后问："谁还要？"（有人举手后）又说："那么，假如我这样做又会怎么样呢？"指导者把钞票扔到地上，又踏上一只脚，并且用脚蹍它，然后拾起钞票，钞票变得又脏又皱。"现在谁还要？"（有人举手后）说："同学们，你们已经上了一堂很有意义的课。无论我如何对待这张钞票，你们还是想要它，因为它并没有贬值，它依旧是它的面值所赋予它的价值。同样，人生路上，我们也会无数次被自己的决定或碰到的逆境击倒、欺凌甚至蹍得粉身碎骨，我们会觉得自己似乎一文不值、一无是处。但无论发生什么，或将要发生什么，我们永远不会丧失价值。在某些人看来，肮脏或洁净，衣着整齐或不整齐，我们依然是无价之宝。"要通过这个活动告诉学生，生命的价值不依赖于我们的所作所为，也不仰仗我们接受的任务，而是取决于我们本身。

（2）引导学生发现自己的优点并欣赏它们。对于学生，尤其是那些自卑的学生，进行教育的关键是让其发现自身的优点，并学会欣赏自己的优点。很多自卑的学生之所以自卑是因为他们的比较对象出了问题，他们总是用自己的缺点和别人的优点去比，用自己的短处和别人的长处去比，却从来不知道自己也有优点，也有长处，那就更谈不上接纳并欣赏自己了。因此，针对这种情况，要通过一些教育辅导活动，让学生发现自己的优点与长处，从而发挥自身的潜力，取得更大的进步。

方法一：自我表扬。让每个学生回忆一下自己记事以来自己做得最成功的三件事，并分析一下为什么认为这三件事最成功、印象最深刻，从而协助学生找出自己最在乎的东西，以及自己的能力所及，明白自己有成功，也会失败。

方法二：优点轰炸。团体成员围坐在一起，请一位成员坐在或站在团体中央，其他人轮流说出他的优点，即欣赏之处（如性格、相貌、处事等）。然后被称赞的成员说出哪些优点是自己以前觉察到的，哪些是不知道的。规则是必须说优点，态度要真诚。这样既可以从不同角度帮助学生发现自身的优点，促进学生的自我接纳，又可以让学生学会发现他人的长处，增加相互接纳性。

3.让学生关注自我成长

自我的发展需要不断地自我反思、自我监控，而将成长作为一条线索贯穿于人的始终时，整理自己成长的轨迹就显得尤为重要，要依照过去、现在、未来进行梳理，深刻了解与把握自己。要让学生明白：自我体验永远是个体的，当我们在分享他人自我成长的硕果时，也在促进我们自己的成长。

三、创设良好的氛围，实现学生人格的充分发展

人格是一个人独特的、相对稳定的行为模式。人格是由每个人所具有的才智、态度、价值观、愿望、感情和习惯以独特的方式结合的产物。人格与人的先天禀赋密切相关，但更与后天的生活环境、习性养成和教育密切相关，也与特定的民族文化相关。

人格教育是思想政治教育的基础。没有这个基础，思想政治教育就犹如无根的浮萍，总是漂浮在人的思想表面而不能深入下去。其原因在于：第一，人格是人生价值观念形成的稳定的心理基础，人的价值观念必须统一和稳定，而这就需要一个人的心理过程及人格形态是统一而稳定的，否则分裂的人格只能产生分裂的观念；第二，人格是形成特定世界观和人生观的内在心理依据，世界观是对于世界的认识，正确的世界观虽然来自正确的理论指导和学习，但如果没有良性的人格形态作为内在的心理依据，外在的观念灌输就很难起作用；第三，人格是形成特定道德素质的主要动力。

虽然从理论上讲，人格在任何年龄都可能发生戏剧性的变化，但这种情况并不常见。有研究表明，人在20岁时人格的"模子"就开始定型，到了30岁时便十分稳定，在30岁之后一般不会再出现大的人格改变。按照马斯洛和罗杰斯的理论，自我想象和自我评价标准的形成对人格的发展具有重要意义。而要使学生达到自我实现的愿望，其自身的不断努力、自我要求和耐心是决定因素，但其所处的环境与周围的人对其的影响也起着不可忽视的作用。因此，我们对20岁左右的高校学生进行思想政治教育，最重要的就是要创设

一个良好的氛围，促使其人格充分发展，并逐步走向稳定。这个氛围要有利于学生形成和改变自己的愿望、对自己负责、学会检查自己的动机、诚实地接受现实、运用成功经验、做好"与众不同"的心理准备、融入事业、对自己的发展进行评价。对此，可以采取如下措施。

（1）制定相对完善的日常行为规范和相关制度，促进其日常习惯的养成，包括行、坐、卧的日常行为举止和言谈的把握程度。良好的日常习惯是生成良好道德的基础。可通过讲座、课堂讲授等方式传授学生基本的礼仪知识，并根据各专业特色，讲授不同场合、环境下，与不同人的交往方式。

（2）注意教育者的身教作用。古语云："其身正，不令而行；其身不正，虽令不从。"学生往往把教师作为样板和标准，教师的一言一行都在无形中影响和感染着学生。因此，教师的身教更重于言传，要在日常的工作、生活中以良好的自我修养教育学生、引导学生，起到润物细无声的作用。

（3）采用启发式的教育方法，激发学生的探索热情和思考习惯，使学生在自我思想的状态下建立良性的人格。也就是说，我们的教育方式不能仅限于填鸭式的灌输，要让学生主动地学，即以"学生为中心"，让他们体会学习的乐趣，主动培养自己良好的人格特征。

第六章 改善大学生心理健康教育的策略

第一节 构建和谐、文明的校园环境

和谐、文明的校园环境是校园文化建设的重要内容，也是影响心理素质发展的重要条件。我们在校园建设中应按党中央的要求，做到"以科学的理论武装人，以正确的舆论引导人，以高尚的精神塑造人，以优秀的作品鼓舞人"，搞好宣传、教育和引导。和谐、文明的校园环境能使学生自觉严格要求自己，增强自我心理调节的能力；使人与人之间保持和谐的人际关系，有利于同学之间相互沟通、相互帮助，有利于学生保持心理上的平衡。

和谐是人类孜孜以求的理想社会状态，从古代的"蓬莱八仙"的神话传说到陶渊明的《桃花源记》都反映了人们对和谐社会的向往。社会由众多单元组成，只有各单元和谐，才能实现社会整体和谐。作为教育工作者，我们必须紧紧围绕"以加快发展推进和谐，以先进文化孕育和谐，以民主法治和平安创建保障和谐，以环境建设促进和谐，以先进性引领和谐"的基本点，认真思考如何建设好和谐校园。

按照树立和落实科学发展观的思路思考，现阶段创建和谐校园应当从教育主体诸要素间的和谐发展入手。

一、建设团结和谐的学校领导班子是创建和谐校园的关键

和谐校园的生存与发展，教师是根本，班子是关键，校长是灵魂。学校领导班子是学校各项工作的设计者、组织者和带头人，只有在学校领导班子的正确领导下，全校师生员工才能团结一致，有共识，同努力，形成最大的合力。因此，抓好包括校级领导和中层干部在内的班子建设就成了创建和谐校园的关键。

校长是领导班子的班长，是创建和谐校园的核心。从某种意义上说，有什么样的校长，就有什么样的学校。一位好的校长，就会带出一所好的学校。"领导学校，首先是教育思想的领导，其次才是行政上的领导。""我们总是力求做到使全体工作人员（从校长到看门工人）都来实现教育思想，使全体工作人员都全神贯注于这些思想。"这些教育思想应被贯穿到校长的管理中去。校长要容人容事，淡化权力意识，既要实施集中领导，发挥集

体领导的方向性、引领性作用；更要分层管理，权责到人，充分发挥每名成员的聪明才智，使班子整体效能最大化。校长要把教育的战略决策纳入整个社会的大系统中，充分开发和利用信息源、财源、师源、生源，依靠社会、家长，在继承的基础上，确定学校的办学思想、办学目的和培养目标，使学校成为构建和谐社会的坚强阵地。

学校还应根据实际需要，建立健全管理机制和领导班子，以和谐的理念和方法管理学校。领导班子要思想统一、目标一致、团结协作、职责分明。如果领导班子之间为名利、为地位，分帮派，互相明争暗斗，必然造成师生员工思想的混乱，行动的无所适从，产生个性被压抑、矛盾被掩盖、问题被搁置的"稳定局面"。这样的局面连正常的教育教学秩序都难以维持，就更别谈校园的和谐了。因此，学校领导班子的团结和谐将为创建和谐校园起到重要的示范和导向作用。

二、打造一支高素质的师资队伍是创建和谐校园的根本

教职工是学校教育教学工作的实施者，是创建和谐校园的主体力量。因此，加强教工队伍建设是保证创建和谐校园的目标得以实现的根本。学校要以教师发展为本，制定出学校促进教师专业发展和提高的中长期目标；要全面、发展、辩证地看待教师，承认教师之间的客观差异，公平调控差异；对有学识、高水平、爱提不同意见或有小毛病的教师，不求全责备，以尊重人、激励人、关爱人、发展人为前提，为每个教师的智慧和才能的发挥创造机会和条件，营造平等友爱、融洽和谐的人际环境，创设民主、积极向上的氛围。学校必须从教职工的长远发展出发，支持教师参加各类进修和业务培训，为教师提供乐业的空间、发展的空间、创新的空间，发掘教师的潜能，激发教师的内部动力；突出人文环境的建设，搭建民主平台，营造民主、平等、和谐的管理氛围，让教师参与学校的决策与管理，让教师感到"家"的温暖，不以行政命令压抑教师的个性，让教师的精神和人格得到自由的舒展。在教学活动中，学校要给教师充分的自主权，鼓励教师建立自己的教育思想；支持教师进行教改实验，形成自己的教学风格，让教师时时刻刻感到自己是学校的主人，使教师的职业意识、角色认同、教育理念、教学风格、价值取向等与学校的主体文化协调一致。任何一所学校都必须通过全体教师的齐心协力，才能完成教书育人的重任。这其中，每个人都发挥着不同的作用，企图通过几个"能人"完成系统任务是不可能的。因此，学校应大力提倡同心同德、团结乐群的协作精神；要让教职工在宽容、公平与公正的和谐氛围中竞争，或多进行团队合作的竞争，大力培养群体精神和群体意识，从而获得效益的整体提升。另外，教工对各类竞赛看得过紧，对个人荣誉看得过重，于是闭关自守，孤军作战，对同事处处堤防，缺乏正确的价值观和群体意识。这些都需要学校在制定考核制度时加以正确的引导，力争让同一学科教师摒弃文人相轻、同行是冤家、保守自卫的陋习，互相学习，共同提高；让不同学科的教师打破画地为牢的学科壁垒与偏见，涉猎其他学科知识，改变自己单一的知识结构，走综合型教师发展之路。教师们团结合作是搞好工作的关

键，只有真诚合作，才能出成绩。教师只有充分认识到集体的兴衰荣辱都关系到自己的切身利益，关系到渴求发展的莘莘学子，才能主动融入和谐、互动的正向氛围中。

三、促进人的和谐发展是创建和谐校园的核心

学校管理是以全体师生员工的和谐发展为核心的。为此，应处理好刚性制度约束与人性化的人文管理的关系。如果过分追求刚性制度约束，制定了比较完善、严密的规章制度来强化对教职工的控制监督，这样不仅不会真正唤起教职工的工作热情，还会出现"高原现象"，即教职工不能真心实意地为学校着想，不能时时处处维护学校的形象，而是"事不关己，高高挂起"。这样一来，学校还有和谐可言吗？

要创建和谐校园，学校领导必须转变观念，以人为本，树立正确的教工观，努力搞好领导与教工的人际关系。因为学校的领导与教工之间绝不是老板与打工仔的关系，学校的教工也是学校的主人，只是分工不同罢了。学校是育人的事业，如果没有了教工负责任的态度，没有了教工积极的参与，没有了教工创造性的发挥，单靠几个领导的力量，学校能出好成绩吗？因此，领导应彻底改变单靠"硬性"的行政指令要求教师完成教育教学任务的做法，把各种任务、要求和教师的态度、感情、利益、发展的需要结合起来，以公平的信念创造各尽所能、各得其所的激励和分配机制，全力营造融洽、和谐的人际关系和民主平等、团结尊重的校园环境。不可否认，目前大多数学校的管理关注的主要是学校工作的结果，注重学校管理的效率，出现了对管理主体——教师和学生的忽视，对人的创造潜能的忽视。管理的核心是管"人"，人是具有主观能动性的，如果把具有思想、情趣、个性的人当作一般的"物"，见物不见人，过分强调制度的严格，势必造成人的创造欲的窒息，出现人际关系紧张、气氛压抑的局面。因此，学校管理应体现人文精神，要人格化、弹性化，充分尊重人、相信人，让每个人都感受到自己的重要性；要通过沟通、换位思考、丰富多彩的校园活动、情感交流等多种方式，实现从"量化"向"能动"的转变，努力构建"以人为和，追求人和"的学校管理模式。教师心顺了，主人翁意识增强了，就会自觉地把自己和学校的发展紧密地结合在一起，校兴则我兴，校荣则我荣，全校上下一条心，学校何患不和谐呢？

四、建立新型的师生、生生关系是创建和谐校园的重要内容

形成良好、和谐的师生关系是实施和谐教育的前提，在教师与学生之间应建立起以民主、平等、和谐为基本特征的新型师生关系，积极创建民主、和谐的学习氛围和精神氛围。师生之间应该相互交流、相互启发、相互补充，教师和学生之间要分享彼此的思考、经验和知识，交流彼此的情感、体验与观念，实现教学相长和共同发展。这就意味着教师与学生角色的双重转变：教师式学生和学生式教师；还意味着师生关系向着师生平等、互相合

作、彼此尊重、民主教学方面发展。教师在与学生的交往中，要是能做到理解学生、尊重学生、宽容和平等地对待学生，就能建立一种互相信任、和谐共处的良好师生关系。那么，要取得良好的教学教育效果，还会是困难的事吗？

在同学之间应建立起相互尊重、相互激励、相互学习的新型同学人际关系。一个学生在学校度过的时间是比较长的，他只有与周围的同学建立良好的关系，保持一个融洽、正常的交往，才能在心理上得到安全感、归宿感。由于每个学生的生活经历、爱好、个性上的差异，在待人接物上有一定的主观倾向性，他们很容易由于趣味相投而形成一个个小群体，对班集体产生一定的影响，若不加以引导，往往会产生摩擦，破坏彼此间的关系。对待差生，应教育学生不要歧视、疏远他们，应该伸出温暖的手帮助他们让他们跟着班集体一同进步，共同搞好班集体。通过教育，让学生认识到同学之间只有建立良好的关系，学习上互相帮助、取长补短，才能共同进步。教师还应增加学生合作学习的机会，使他们长期处于友好合作的学习氛围中，建立一种亲如兄弟姐妹的和谐关系。同时，教师要优化自己的情感，以健康的情感去感染、教育、鞭策和激励学生，与学生平等、友好地相处；化解生生之间、师生之间的矛盾与摩擦，创建安全稳定、健康和谐的成长环境，改变重智轻德、单一追求智育的现状，树立育人为本的思想。此外，在提高学生科学文化素质的同时，还应通过各种有趣的活动，使学生的思想道德素质、劳动技能素质、心理素质、身体素质等方面都能和谐共进，使学生在活动中互相学习、互相帮助、团结友爱，形成和谐的同学关系。

第二节　调整心理健康教学策略

一、大学生心理健康教育模式的现状

目前，高校学生心理健康教育的现状并不乐观，与党中央、国务院和有关国家部委的要求存在着较大差距。这些差距主要表现在：部分院校，尤其是民办职业院校对大学生心理健康教育的重要性认识不到位，还未将大学生心理健康教育作为学校学生工作的重要组成部分纳入议事日程，领导体制与工作机制不健全；心理健康教育机构和队伍建设还不能满足需求。调查发现，近一半的职业院校未成立学生心理健康教育机构，超过1/3的职业院校没有专职或兼职心理咨询人员，大部分院校基本未对班主任和辅导员进行心理健康知识的培训。部分高校虽然建立了心理健康教育机构，开展了心理咨询辅导工作，但心理健康教育活动单一，吸引力和针对性不强，宣传力度不够，没有积极组织大学生开展心理健康宣传日或宣传周、心理剧场、心理沙龙、心理知识竞赛等活动，更未形成教育与自我教育、课内与课外相结合的心理健康教育形式。部分大学生心理健康教育没有咨询地点和经费支持。

因此，我们必须清醒地意识到，大学生心理健康教育还没有完全得到应有的重视，大学生的心理健康教育尚存在着不容忽视的问题。由此可见，构建多层次、多侧面、全方位的能与大学生身心发展的规律和特点相适应的规范化和机制化的心理健康教育模式是新形势下加强和改进大学生思想政治工作的迫切需要，是维护和促进大学生的心理健康、全面提高其心理素质的迫切需要。

二、大学生心理健康教育模式的改革策略

高校学生心理健康教育无论是作为一项事业还是作为一个科研领域，都具有无限发展的性质，永远也不会停止在一个水平上。随着国际、国内客观环境的变化，思想观念的改变，以及东西方各种形态的民族文化的大碰撞、大融合、大发展，大学生的思想意识、价值观念及其心理健康状况也必定是动态变化的。引起其变化的因素也是多方面的，既有宏观因素也有微观因素，既有主观因素也有客观因素，既有积极因素也有消极因素，因而必定会有许多新的、热点问题需要我们去探索、去研究、去解决。

（一）强化理念研究

真正树立大学生心理健康教育的理念是十分迫切的需要，只有先进的理念才能指导大学生心理健康教育。因此，进一步借鉴国外和港澳台地区先进的大学生心理健康教育理念，并结合我们的实际，形成适合当代大学生心理健康教育的新理念是大学生心理健康教育十分重要的任务。

（二）强化教材建设及教法研究

目前，《大学生心理健康教育》教材尚有不够完善的地方，需要根据调查的事实，反映出来的问题，认真总结我国大学生心理健康教育教学的实践经验，按照新的要求、新的思路和新的标准修订教材；要做到图文并茂，既有理论指导又有实际案例，并能适应网络教学的需要。同时，要加强《大学生心理健康教育》的教法研究，做到全面、系统又能因材施教。

（三）强化队伍建设研究

鉴于心理健康教育的教师队伍和朋辈辅导员队伍仅有相对的稳定性，就总体而言始终处于吐故纳新、新老交替的动态变化之中，因而这两支队伍的培训工作不可能是一劳永逸的，需要进一步从机制化、规范化和制度化方面加以研究。

（四）强化模式相互作用研究

高校要注意根据学生心理特点的特殊性制订心理健康教育教学计划，设计合理的课时；

在授课过程中引入高校学生在实际生活中发生的案例进行讲解剖析，注重理论与实践相结合，调动学生的学习兴趣，加深学生对心理健康的理解和认识；让学生在情境中体验、活动中领悟，注重培养学生积极、健康的心态，进而提高心理健康教育的教学效果。心理健康教育包括发展性教育和补救性教育。发展性教育主要是有目的、有计划地对学生的心理素质与心理健康进行培养，使学生的心理品质不断优化。补救性教育则主要是对心理处于不良状态或心理出现问题的学生进行专门的帮助，使之恢复正常状态。这两种教育也是不同的层次，发展性教育主要面对正常发展的学生，是提高性的；而补救性教育则主要是面对心理方面出现不同程度问题的学生，是矫正性的。

针对大学生心理健康教育模式的各个组成部分及其运行机制，尚需建立必要的规章制度，使其更加巩固、更加规范，能够长效化地保障最佳的功能状态。

（五）强化全员参与的研究

大学生心理健康教育不是孤立存在的，而是一项多角度、全方位的系统工程，需要各院校相互配合，深入研究。特别是大学生心理的高层结构即"三观"的形成，仅靠政工人员，包括德育工作者和心理健康教育工作者是不够的，必须有广大教师结合各科教学的积极参与，形成全员参与机制，这样才能发挥心理健康教育的最大功效。

（六）强化高校间的研究与合作，促进大学生心理健康整体水平的提高

高校学生心理健康教育有自身的特点，有许多共性的东西需要研究与探索。这就需要加强高校间的交流与合作，营造研究氛围，才能整体推进大学生心理健康教育。

三、几种促进学生心理健康的教育模式

（一）充分利用一切资源宣传大学生心理健康知识

高校学生由于面临的心理压力过大，导致校园暴力、酗酒、赌博、自杀等不良行为逐渐增多，因此加强大学生心理健康教育刻不容缓。虽然目前很多人都逐渐意识到心理健康对于一个人全面发展的重要意义，但绝大多数人对于如何减轻心理压力、释放不良情绪等心理健康方面的知识知之甚少，尤其是高校学生。因此，我们在对高校学生进行心理健康教育时，应充分利用一切资源大力宣传心理健康知识。

1. 校园网络

利用学校网络，开设专门针对学生心理问题进行咨询的网页。网页可以按照心理问题的类型进行分类：学业问题、情感问题、就业问题、人际交往问题等，每个板块都安排专业的心理咨询人员在线对学生的心理困惑进行解答，通过网络的形式宣传心理健康知识。

2. 专家讲座

学校可以定期邀请心理专家来学校开展心理讲座，宣传关于心理健康的知识以及如何

进行自我心理调节等。通过这种方式，让学生尽可能多地认识自己面临的心理问题，并积极通过咨询、自我调节等措施减轻心理负担。

（二）发挥课堂教学在心理健康教育中的重要作用

课堂是对高校学生进行心理健康教育的主要阵地，只有充分利用教学向学生传授有关心理健康的知识，并通过课堂上教师的实际行动改善学生的心理状况，才能够真正促进高校学生的心理健康发展。

1. 将心理健康教育与思想政治教育相结合

在教学上，应将心理健康教育和思想政治教育结合起来，充分发挥二者的优势。一方面，我们应在心理健康教育过程中融入思想政治的内容，有针对性地对高校学生进行世界观、人生观、价值观的教育，帮助学生树立积极向上的人生态度，为其形成良好的心理素质打下坚实的基础；另一方面，在开展思想政治课时，应避免单纯地讲解枯燥的政治知识等，要善于利用心理辅导、心理咨询等方式提高思想教育的趣味性，使学生乐于学习。

2. 教学内容贴近学生实际情况，提高学生学习的积极性

心理健康教育的内容应贴近高校学生面临的实际心理困扰，有针对性地对学生进行心理知识的讲解和心理辅导。社会大环境的多元化以及高校学生面临的心理问题的复杂性要求教师要不断根据学生的实际情况调整教学内容，尊重学生的个体差异性，不断提高心理教育的实际效用，真正做到促进学生的心理健康发展。

3. 改革教学评价机制，提高教学的有效性

目前，许多大学生将心理健康教育作为选修课，课程评级方式往往是写一篇小论文即可，评价方式过于随意，教师的不重视直接导致了学生在学习过程中的应付性。因此，在今后的心理教育中，应逐步改革以分数为主的评价机制，对心理健康课程的考核应该采取多种方式相结合的方法，侧重于考查学生应用心理健康知识分析并解决具体问题的能力，识记性的基础知识则不应成为考核重点。只有这样，才能不断加强教师和学生对心理健康教育的重视程度，真正发挥心理健康教育的作用。

第三节　重视思想教育工作

心理健康教育在我国属于新生事物，大学生心理健康教育作为一种育人手段，在我国只有几十年的历史。20 世纪 80 年代，大学生心理健康教育在我国兴起时，并没有人意识到心理健康教育与思想政治教育会有关联，因为心理健康教育强调价值中立，与政治完全是互不相干的两个领域。20 世纪 90 年代，有人提出心理健康教育应该成为思想政治教育的一部分，引起了激烈的争论。然而，在心理健康教育的实践中，人们逐渐认识到二者的本质是一样的，最终的目标也是一致的，于是二者开始融合。目前的状况是，心理健康教

育与思想政治教育的关系已理顺，共同为学生教育发挥着独特的作用，形成了鲜明的中国特色。

一、学生思想政治教育与心理健康教育相辅相成

思想政治教育离不开学生健康的心理状态。一个人如果没有良好的人格形态作为内在的心理依据，没有知、情、意的协调发展，灌输的外在观念就很难内化为大学生自身的价值信念和道德品行。大学生心理健康教育通过优化大学生的心理品质调动大学生积极的情感因素，促进其道德品质的形成与价值观念的内化，增强德育的可接受性和实效性，制约和影响着德育的效果。因此，心理健康教育既可以为有效实施思想政治教育提供心理条件，也是大学生思想政治教育目标和内容的合理扩展和延伸。

心理健康教育不能抛开学生形成良好的思想道德素质和正确的"三观"的要求。大学生思想政治教育的最终目的是要通过提高大学生的思想道德素质，帮助他们树立正确的世界观、人生观和价值观，决定着他们做人的根本方向、在社会中的精神根基和社会价值。而心理健康教育的最终目标是要发展学生健全的"人格"，具有远大理想和高尚追求的学生往往较其他同学更具备正确的自我认知和较强的辨别能力，会以顽强的毅力和积极的态度自觉调适自己的心理、自觉培养健全人格。如果一个大学生没有良好的道德品质，没有伟大的理想抱负，没有爱国的拳拳之心和服务他人的意识，就很难说其是一个人格健全的人。从这一点来讲，心理健康教育只有建立在思想政治教育的大目标上，才能有效地促进大学生的心理健康。

思想与心理的形成过程具有统一性。心理是人脑的机能，是客观事物在人脑中的主观反映。思想也有着相同的本质，是客观存在反映在人的头脑中，经过思维加工而产生的。思想对心理起决定作用，支配心理活动的方向；心理对思想有反作用，思想的发展变化受心理因素的影响和制约。思想和心理的密切联系决定了大学生思想政治教育与心理健康教育具有内在的、深层次的一致性。因此，只有建立在符合心理规律基础上的思想政治教育才能深入人心，而心理健康教育只有建立在思想政治教育的大目标上，才能真正成为人格完善的手段、途径和方法。

二、重视思想教育，加快思想政治教育与心理健康教育的融合

思想政治教育与心理健康教育在宏观方面的一致性决定了二者在微观层面是可以相互借鉴、有机结合的。近年来，广大思想政治教育与心理健康教育工作者已经做了大量的探索和实践，取得了可喜的成就，使得心理健康教育这一全新的育人手段展现出强大的活力。

（一）实施体制融合

经过几十年的发展完善，我国大学生思想政治教育已经有较为健全的体制，上层有学

校党委，中层有学生工作处、校团委、宣传部，基层有各系部党支部、团支部，这套体制保证了学校思想政治工作的有效开展。在大学生心理健康教育发展初期，不少人主张大学生心理健康教育应该完全游离于思想政治教育之外，走一条独自发展的道路。然而，二者之间的内在一致性使得大学生心理健康教育事实上与思想政治教育存在着千丝万缕的联系。理论研究和实践探索表明，心理健康教育工作完全可以在已有的思想政治教育体制下良性运行。

按照教育部的要求，每所大学都要成立大学生心理健康教育工作领导小组，可以参与小组的职能部门很多，各大学可根据本校的实际情况合理组合，并不一定要有统一的形式。以下部门都可以纳入小组中：学生工作处、团委、宣传部、教务处、校医院、各院系分团委等。这种体制完全建立在学校已有资源的基础之上，调动了学校各方面的力量，共同推动大学生心理健康教育的本土化。

（二）工作人员融合

心理健康教育是一项育心的工作，工作人员必须具备过硬的思想素质和业务水平才能达到教育目的。但是，这并不意味着心理健康教育是一项高不可攀、只有少数人才能从事的工作。在大学生心理健康教育工作初期，大学生心理健康教育队伍人员很少，远远不能满足学生需求，一些思想政治教育工作者尝试从事心理健康教育工作时，出现了反对意见，认为思想政治教育工作者不合适做心理健康教育工作。但是，经过不断学习和摸索，许多思想政治教育工作者出色地开展了心理健康教育工作，并受到学生欢迎。

事实上，思想政治教育工作者有着丰富的学生工作经验，更容易理解和掌握心理健康教育的理论基础和实践方法。近年来，经过各级教育主管部门有计划、有组织的系统培训，已有大批的思想政治教育工作者成功转型，加入心理健康教育队伍中，成为大学生心理健康教育队伍的重要组成部分，解决了心理健康教育工作人员缺乏的问题，特别是辅导员，他们以独特的优势出色地开展着大学生心理健康教育工作，受到学生欢迎。

（三）理念方法融合

一些大学生思想政治教育工作者常常感到处于被动局面，工作成效不高。其根本原因是教育观念偏于功利化，忽视人存在的意义和价值，指导思想上较多地考虑满足社会需要，忽视满足人的发展需要，受教育者的主体性容易被忽视；对大学生思想政治工作的特殊要求和特殊环境不能科学地解剖与分析，而是停留在一般认识和理解上，滋长了教条主义思想和形式主义。一些大学生心理健康教育工作者也常常在工作中出现困惑：通过心理测试很正常的学生，却表现得极端自我，漠视他人和社会，反复引导没有改善。究其原因在于过于强调教育过程中的"价值中立"，认为心理问题与人的价值观无关，其实每个人的行为背后都有着自身的价值体系，价值体系出现了偏差，仅仅纠正心理和行为不会取得很好的效果。

大学生思想政治教育和心理健康教育在理念方面的相互借鉴有助于提高二者的实效性。思想政治教育工作者应更新观念，充分尊重学生在品德形成中的主体地位，少一点说教和灌输，多一点心理健康教育的理念，为有效实施思想政治教育提供良好的心理背景。思想政治教育工作者可以从心理健康教育中移植一些方法作为思想政治教育工作的新途径，以提高思想政治工作的成效，如运用心理学的原理、方法和技术来改变学生的心理与行为，借助心理测验及其他测评工具来客观地了解学生个性的状况、长处、不足以及发展趋势，使思想政治教育工作更有针对性；也可以采用会谈、角色扮演、沟通分析等心理辅导中常用的方法，服务于思想政治教育，以减少思想工作的阻力，从而为学生接受教育影响、实现道德内化提供方法上的支持。另外，心理健康教育应依靠思想政治教育为自己引导方向，并借助思想政治教育实践，拓展自身的操作途径。心理健康教育要有思想政治教育的"视野"和"思想方法"，主动地在心理健康教育实践中渗透正确的世界观、人生观和价值观，使学生心理的健康发展具有更坚实的基础。

大学生心理健康教育与思想政治教育的融合是大学生心理健康教育本土化的成功体现。在此经验的基础上，进一步探索大学生心理健康教育与我国高等教育改革、大学生心理健康教育与我国传统文化的关系，将会使我国大学生心理健康教育实现真正意义上的本土化，也为全民心理健康教育的本土化提供有价值的样本。

第四节 提高心理咨询服务质量

学校心理咨询指教师运用心理学的原理与方法，对在校学生的学习、适应、发展、择业等问题给予直接或间接的指导、帮助，并对有关心理障碍或轻微精神疾病进行诊断、矫治的过程。学校心理咨询是当前学校对在校学生进行心理教育、引导的普遍方式和手段。

学校心理咨询的直接目标是提高全体学生的心理素质，最终目标是促进学生人格的健全发展。学校心理咨询是帮助学生开发自身潜能、促进其成长发展的自我教育活动，以积极的人的发展观为理念，以学生的成长、发展为中心，以"他助—互助—自助"为机制。学校心理咨询是以咨询心理学为主的多学科综合的教育方法与技术，它不是一种指示性的说教，而是耐心细致的聆听和引导；不是一种替代，而是一种协助与服务。

一、高校学生心理咨询的意义

（一）解决高校学生心理问题、预防和治疗心理疾病

大学时期是一个人生长、发展的重要阶段。就个体发展而言，高校学生正处于青年初期，个体正逐步走向成熟，走向独立，但尚未真正成熟与独立。而且这一时期高校学生的

世界观和人生观也尚未真正建立，心理、情绪波动较大，面对生活、环境、人生、理想、现实等种种问题，许多高校学生因为苦无良策或处理不当而陷入痛苦、焦虑、失望和困惑之中，有的甚至出现过激或异常的言行。心理问题和心理疾病已成为困扰高校学生学习和生活的大问题，如果不能得到及时解决，就会严重影响高校学生的人格成长和身体健康。

（二）提高高校学生心理素质的重要手段

现在，国外许多企业在招聘职员时，要经过专门的心理测试，以选拔较有潜力的工作人员。运动员在参加重大体育比赛之前，要由心理医生对其进行特殊的训练，帮助他们消除心理紧张，树立战胜对手的信心。政治家为了在竞选中获胜，也会请心理咨询专家帮助他们调整心理状态，树立良好的形象。由此可见，心理咨询除了治疗心理疾病，还有一个更为重要的作用，即能帮助人们提高心理素质，促进心理潜能的发挥。

高校学生多半是从学校到学校，没有经历过大风大浪的磨炼，也很少遇到挫折和打击。因此，他们的心理素质相对较低，挫折耐受性相对较差，对自身的认识和了解也相对较肤浅。作为高校心理咨询，不应仅限于解决心理问题、治疗心理疾病这一层面上，而应主动地对高校学生进行心理学、心理卫生和心理健康等有关知识的传授，加强对高校学生的心理素质训练，使他们了解心理活动的一般规律和特点，懂得心理健康对成长的意义，更多地理解自我与他人、自我与社会的关系，学会运用心理学的方法进行自我调节，以保持心理平衡，提高心理素质，增进心理健康；更多地了解自己适合干什么，能够干什么，哪儿是自己的最佳位置，如何促进个人潜能的发挥等。只有这样，心理咨询才能发挥它应有的作用。

现代社会，人们越来越重视素质教育，对素质的要求也越来越高。但是，由于过去我们只注重高校学生的身体素质、思想素质和智力素质的培养，忽视了他们心理素质的提高。这就像一个木桶，它的容量的大小取决于其最低的那一块木板的长度，高校学生的个人潜能能否充分发挥，关键在于心理素质这一块板是否得到充分重视。因此，高校心理咨询一个更为重要的功能是帮助高校学生提高心理素质、挖掘心理潜能，以使他们的能力得到充分发挥。

（三）新时期高校德育教育的新任务、新内容、新途径

高校学生的心理问题很多时候是与思想问题交织在一起的。要从根本上解决这些心理问题，就必须接受科学的人生观、价值观和道德观的指导。从高校心理咨询工作者本身来看，咨询师的人生观、价值观和道德观也会对来访者起到示范和潜移默化的作用。心理咨询作为一门独立的学科，它在解决高校学生心理问题、预防和治疗高校学生心理疾病、优化高校学生心理素质和挖掘高校学生心理潜能等方面有着其他学科无法替代的作用。

二、高校学生心理咨询的特点

高校学生是一个特殊的社会群体，他们不同于中小学生与成人。在生活环境方面，他们离开家庭和父母，从四面八方来到大学校园，集中居住在宿舍过着集体生活；在身心发育方面，他们又正处在青春发育后期，各种心理矛盾冲突剧烈，处于一个迅速走向成熟而又未真正成熟的发展阶段。因此，高校学生在接受心理教育和寻求心理咨询时也表现出与成人或中小学生不同的心理倾向。高校学生咨询主要有以下几个特点。

（1）有心理障碍时，可能自己认识不到，或即使知道也不寻求帮助。由于心理咨询工作在我国开展的时间并不长，多数学生对心理咨询的意义认识不太清晰，甚至产生错误的认识，觉得自己心理十分健康、没有疾病，不需要进行心理咨询。他们没有意识到心理障碍在每个人的身上、每个活动领域中都可能出现，不知道学习中的困扰、对考试的焦虑、人际关系不协调造成的烦恼以及青春期的躁动都是心理上的困惑，都可以通过心理咨询获得帮助与指导。因而，他们对校园中的心理咨询活动态度不积极，觉得心理咨询离自己十分遥远，参与感较弱。基于此，若咨询工作单纯采用个案咨询，则可能来访者无几，收效甚微。

（2）希望获得他人的帮助，愿意与人沟通，但不知怎样面对咨询。由于高校学生的社会交往需要较为强烈，所以很希望通过咨询活动与人沟通、解开心结。但又因其社会化过程尚未完成，实际交往能力受到很大限制，加之自尊心较强，不愿暴露隐私，故而不知怎样去进行咨询。例如，常有学生虽来到咨询室，谈话却闪烁其词，不知所云；不正面回答问话，顾左右而言他。咨询师若不能深入细致、步步引导、缩短心理距离，便很难了解他们真实的想法和咨询的目的，从而导致访谈失败，不仅使咨询活动劳而无功，而且还会加剧学生心理上的孤独感。

（3）希望参加咨询活动却又难以承受群体压力和同伴讥笑。由于高校学生生活在特定的集体环境之中，活动喜欢结伴而行。因此，其行为常带有明显的从众性。当整个社会以及他们所在群体对心理咨询的认识尚不明确、看法尚有偏见时，有咨询需求的学生要前来咨询必须背负着一定的群体压力。诸如："你有精神病吗？为什么要去做心理咨询？""心理咨询是不正常的人才需要做的。"等，这些议论形成一种氛围，常常会影响前来咨询的学生的心态和行为，使得希望参加咨询的学生顾虑重重，认为前来咨询是件不光彩的事，咨询就意味着承认自己不正常，所以既想参加又怕同伴知道后讥笑。有的来访者行为隐蔽、躲躲闪闪；有的来访者希望咨询室设在较隐蔽的地方，谈话也常常有所保留。

（4）有一定调节能力，但更希望得到咨询师的帮助和指导。根据心理咨询的自助性原则，咨询应该以启发、促进前来咨询的学生的自助能力，使其自己找到最佳的解决问题的方案和最优的发展之路为目的，一般不主张给他们以明确指示和结论。但高校学生心理咨询却不一定如此。由于自身发展水平的限制，高校学生虽然已具备了一定的心理调节能力，但还不能完全靠自己的力量走出心理阴影，故而每一个来访者对与之交谈的咨询师抱有很大期望，谈话内容也十分具体。如果咨询师把握不好分寸，或没有达到他的要求、使他满意，就可能使其对心理咨询产生看法，动摇其对心理咨询的信心和信赖感。

在咨询过程中，只有针对学生所处的环境特点、身心发育特点以及咨询心态特点寻求适当的咨询方式，才能使咨询活动为学生所理解、接受，真正发挥其应有的作用。

三、目前大学生心理咨询的常见误区

1. 心理咨询师 = 救世主

一些来访者把心理咨询师当作"救世主"，将自己的所有心理包袱丢给咨询师，以为咨询师应该有能耐把它们一一解开，而自己无须思考、无须努力、无须承担责任。然而，心理咨询与心理咨询师只能起到引导、启发、支持、促进来访者改变行为和改善人格的作用，他无权把自己的价值观和愿望强加给来访者，更不能替来访者改变或做决定。真正的"救世主"只有一个，那就是自己。只有改变自己、战胜自己，最终才能超越自我，达到理想目标。

2. 心理咨询 = 思想工作

心理咨询作为医学中的一门学科，有着严谨的理论基础和诊疗程序，它与思想工作是有本质区别的。思想工作的目的是说服对方服从并遵循社会规范、道德标准及集体意志；而心理咨询则是运用专门的理论和技巧寻找心理障碍的症结，予以诊断治疗，咨询师持客观、中立的态度，而不是对来访者进行批评教育。另外，某些心理障碍同时具有神经生化改变的基础，需要结合药物治疗，这更是思想工作所不能取代的。

3. 心理问题 = 精神病

心理咨询在我国是一门起步较晚的新兴学科，它对人们来说有一种神秘感。来访者通常都是左顾右盼，鼓足了勇气才走进诊室，在医生的反复保证下，才肯倾吐愁苦；或是绕了很大圈子，才把真实的情绪暴露出来。因为在许多人眼里，咨询的人很可能有什么不正常或有精神病，要不就是有见不得人的隐私或道德品质方面有问题。此外，在我们的传统观念中，表露出情感上的痛苦是软弱无能的表现，对男性来说尤其如此。以上种种原因使得很多人宁愿饱受精神上的痛苦折磨，也不愿或不敢前来就诊。其实，心理问题与精神病是两个不同的概念。每个人在成长的不同阶段及生活、工作的不同方面都有可能遇到这样那样的问题，导致出现消极情绪。对这些问题如能采取适当的方法予以解释，问题就能顺利地解决；若不能及时加以正确处理，则会产生持续的不良影响，甚至导致心理障碍。这样看来，心理问题是日常生活中经常会遇到的。就这些问题求助于心理咨询并不意味着有什么不正常或有见不得人的隐私，相反，这表明了个体具有较高的生活目标，希望透过心理咨询更好地完善自我，而不是回避和否认问题，虚度一生。

4. 心理学 = 窥视内心

许多来访者不愿或羞于吐露自己的心理活动，认为只要简单说几句，咨询师就应该猜出他心中的想法，要不就表明咨询师水准不高。其实心理咨询师也是人，他们没有什么特异功能窥见他人的内心世界，他们只是应用心理学的理论和方法，对来访者提供的信息进行讨论和分析。因此，来访者需详尽地提供有关情况，才能帮助咨访双方共同找到问题的症结，从而有利于咨询师做出正确的诊断并进行恰当的咨询。

5. 心理咨询 = 无所不能

一些来访者将心理咨询师视为"开锁匠"，期盼其能打开所有的心结，所以常常求诊一两次，如果没有达到所希望的"豁然开朗"的心境，就大失所望。实际上，心理咨询是一个连续、艰难的改变过程。心理问题与来访者的个性及生活经历有关，就像一座冰山，堆积已久，没有强烈的求助、改变的动机，没有恒久的决心与抗衡，是难以冰消雪融的。因此，来访者需做好打"持久战"的心理准备。

"心病还需心药医"，心理咨询是心理障碍预防和治疗的一种措施，是心理教育的重要组成方面。通过咨询员与来询者的持续而直接的个人接触，帮助咨询对象在认识、情感和态度方面有所改善，解决其在学习、工作、生活、疾病和康复等方面出现的心理问题，从而使其更好地适应环境，保持身心健康。学校有必要建立心理咨询机构，配备受过专业训练的心理咨询人员开展心理咨询活，可以针对不同的来访者进行个别的咨询，也可以根据症状、表现的一致性开展团体咨询。实践证明，这是很有效果的一种心理教育方式，也是受到学生欢迎的一种方式。只有不断提高心理咨询服务的质量，才能进一步改善大学生心理健康教育。

第五节　建立健全学生心理健康教育档案

建立学生心理健康教育档案是加强学校心理健康教育工作、实现教育现代化的前提条件和必要保障。它有助于确立具体的、有针对性的心理健康教育的目标、内容、方法与途径，有助于学校心理健康教育的诊断、分析、评估；它可以为学校心理健康教育工作提供操作指南，是学生身心健康发展动态的监测手段，可以提高教师教育决策和科学研究的水平，可以为学校的宏观管理提供决策依据。学生心理健康教育档案的建立是一项科学性、专业性和技术性很强的工作。心理健康教育工作者只有在了解学生心理健康教育档案的含义和掌握其建立的原则、一般程序及其使用与管理的原则的基础上，才能建立起科学的、适用的心理健康教育档案，才能正确使用与管理好心理健康教育档案。

一、学生心理健康教育档案的概念

学生心理健康教育档案有广义和狭义之分。狭义的学生心理健康教育档案是指对个体心理发展变化特点、心理测验结果、学校心理咨询与辅导记录等材料的集中保存。这些资料按照一定的顺序排列，组成一个有内在联系的体系，如实反映学生的心理状态。它是学校为了更好地开展心理健康教育工作，为每个学生在心理健康方面建立起来的档案材料。而广义的学生心理健康教育档案还包括学校心理健康教育活动的有关资料，如学校心理健康教育的计划、课程开设、活动安排、教研活动、研究课题及成果、效果评估和管理工作等的记录。理解狭义的学生心理健康教育档案要把握以下几点。

（1）学生心理健康教育档案是专门的档案，是在学校心理辅导老师负责下建立起来的。学生心理健康教育档案应有专门的教师负责和健全的管理制度。如果没有专业教师的参与，学生心理健康教育档案的建立可能会失去科学性、客观性、全面性和实用性。

（2）学生心理健康教育档案是有关学生心理变化特点及有关咨询、辅导的记录，而不是指学籍档案。学生的学业成绩、体能测试、教师对学生的操行评语、奖惩记录等都是学籍档案，它可公开让教师、家长及学生了解。而心理健康教育档案更具隐私性，主要是为心理健康教育工作服务的，除经本人同意和特殊情况外，教师、家长甚至法律部门也不能随意查阅学生的心理健康教育档案。因此，对它的管理应更加严格和规范。

（3）学生心理健康教育档案是学生心理变化特点的真实记录。从幼儿期、儿童期到青少年时期，每个时期都有不同的心理特点及心理冲突，任何人不能依自己的观点去增加或删改档案的内容，应保持心理健康教育档案的原始性、真实性。

（4）学生心理健康教育档案建立的根本目的是更好地教育和培养学生，促进学生心理健康、全面地发展。

二、建立学生心理健康教育档案的意义

学生心理健康教育档案既是学校心理健康教育工作开展的必要依据，又是学生接受心理健康教育后的原始记录。它将为我们进行心理科学的研究提供大量的、客观的第一手材料，对于学校教育的科学化具有十分重要的意义。具体来说，有以下几点。

1. 为学校的科学管理提供心理学依据

通过建立学生心理健康教育档案，能及时、准确地了解和掌握全校学生的心理发展规律、特点以及现状，从而为学校的科学管理提供心理学依据；可以为学校的分班教学、个别化教学提供前提条件；可以为弱智儿童、残疾儿童和超常儿童等特殊儿童提供鉴别、筛选和培养的措施；通过心理健康教育档案所反映出来的学生兴趣爱好的信息，可以为丰富课外活动、满足学生的正当心理需求提供决策依据；同时还能从整体上评价一所学校的教育水平，提供一套科学的评估系统等。

2.有助于完善教学工作，提高教学质量

要了解学生、分析学生、帮助和教育学生，就必须掌握学生心理发展的规律。建立学生心理健康教育档案可以帮助教师了解学生的个性，使教师在教育教学工作中有的放矢，减少盲目性，提高针对性，从而提高教学质量。学校教育工作如果缺少了心理素质的培养就是不完全的教育，而建立学生心理健康教育档案为心理健康教育提供了依据和信息。同时，建立学生心理健康教育档案也为教师了解学生节约了时间，提高了工作效率。

3.有助于开展学校心理健康教育工作

通过学生心理健康教育档案的建立，可以及时了解和发现学生心理发展状况，有利于对学生的心理问题做出正确的分析和诊断，从而采取有效措施进行心理辅导、心理咨询、心理治疗，能够有效地帮助学生，保证学校心理健康教育工作的正常开展。

4.有助于提高教师的科学研究水平

学生心理健康教育档案的建立还有助于教师加强对学生心理的研究，提高其科学研究水平。学生心理健康教育档案自身具有很大的研究价值，主要表现在两个方面：一是为学校心理健康教育研究提供资料；二是为更广泛的教育研究提供资料。

三、建立学生心理健康教育档案的原则

我国学者刘华山提出了搜集学生心理辅导资料，建立心理健康教育档案的三条原则：客观性原则、系统性原则和多样化原则。吴增强提出了建立学生心理健康教育档案的两条原则：客观性原则和适用性原则。陈雪枫等提出了建立学生心理健康教育档案的六条原则：科学性原则、系统性原则、发展性原则、保密性原则、教育性原则和最佳经济原则。我们根据长期的实践研究，建立了六条原则。

1.科学性原则

科学性原则即实事求是原则，是指在心理健康教育档案建立过程中要尊重学生的客观心理事实，要有科学的、严肃的态度。首先，在测评工具的选择上要有科学性。我们要选择那些标准化心理测验，并且要有较高的信度和效度；而那些在科普刊物或一般杂志上登载的、没有信度和效度的测验是不能使用的。其次，施测时必须遵循严格的操作程序。最后，对建档过程中所获得的结果或信息，要实事求是地描述，要以科学的、慎重的态度来解释，并结合学生的现实表现进行分析归纳。

2.系统性原则

系统性原则即整体性原则，是指系统地、多方面地搜集学生的各种信息，对学生的心理状况进行全面检查和系统分析，以便从整体上把握学生的心理特征。由于学生对某一刺激的反映要受时间、环境、主体状况等多种因素的影响和制约，因此在建立学生心理健康教育档案时必须坚持系统性原则。

3. 发展性原则

发展性原则即动态性原则，是指心理健康教育工作者要以发展变化的观点看待学生，以积极的态度指导和帮助学生，把心理健康教育档案建设成为一个动态的档案。由于学生的身体发育和心理发展尚未成熟，正处在迅速成长的时期，随着学生心理的发展，原来所了解到的学生心理状况已不能准确地反映现时的心理特点，因此在建立学生心理健康教育档案的过程中要坚持发展性原则。

4. 保密性原则

保密性原则是指心理健康教育工作者要对学生心理健康教育档案的内容做到绝对保密，不得随意将心理健康教育档案的内容告知他人，这是建档工作的道德性准则。这是因为心理健康教育档案中有些内容涉及学生（或家长）的个人隐私问题，有些带有心理暗示效应，有些涉及人际关系，有些是学生心理问题或心理障碍的记录，还有些一旦公开可能会伤害学生的自尊心等。

因此，只要是学生不愿意公开的、不利于学生心理健康发展的和违反心理咨询工作原则的心理健康教育档案内容必须严格保密，不能给学校领导、老师、家长或其他人阅读或评价。当然，心理健康教育档案内容的保密也应有层次性，对有些心理健康教育档案的内容就没有必要做严格的保密，如学生的学习兴趣、学习动机和学习习惯等。

5. 教育性原则

教育性原则是指在建立心理健康教育档案时，要有利于提高学校的教育质量、教学水平和管理水平，有利于学生心理的健康发展，能够有效地为实现学校的教育目标服务。为此，应把建立心理健康教育档案看作教书育人整个系统工作中的一个重要环节，要从教育和预防的角度去开展这项工作，不能用心理健康教育档案的材料给学生贴标签、戴帽子；要把提高学生素质、培养合格人才作为建立心理健康教育档案工作的出发点。

6. 经济性原则

经济性原则即最佳经济原则，是指在建立学生心理健康教育档案的过程中，力求以最小的人力、物力、财力和时间，获得较好的效果。简言之，就是要以最小的投入建立起高质量的、适用的心理健康教育档案。

四、学生心理健康教育档案的应用

1. 学生心理健康教育档案在学校管理中的应用

学校管理工作的一个主要环节就是对学生按照"减少个别差异的范围与程度"的原则进行比较"同质性"的分班。"同质性"的具体含义应该包括如下要素。

（1）学生当前的智力开发水平相当——知识基础和认知水平接近的学生组成的班级集体有利于教师在教学中寻找学生相同的临近发展区域或者学生相同的个别化学习需要。

（2）学生的性格类型比较接近——性格类型反差不大的学生对教师授课方式的喜爱、讲话方式的接受、表扬与批评方式的认同等也基本一致，有利于教师利用相同的教学方式达到比较理想的教学效果。

（3）学生的学习能力比较相近——学习能力的相近对教师在教学过程中适应学生的个别化需要是最有帮助的。

（4）学生的学习动机水平相当——学习动机水平就是学生内在的、追求学习成功的动机水平。不同层次的学生需要教师激励的强度、密度与方式都不同。也就是说，教师在课堂教学过程中的主要教学行为、辅助教学行为和管理教学行为的时间与精力所占的比例均不相同。

（5）学生当前的学习适应性水平比较同步——把学习适应性水平同步发展的学生集合在一个教学班中教学能提高教学的针对性，也能使教师的有效教学行为的比重加大，从而提高教学效率。

2. 学生心理健康教育档案在班级管理中的应用

在我国大班教学的客观环境下，班级中学生的个别差异是客观存在的。就算进行了各种形式的"同质性"分班，学生的个体差异还是不可能完全消除。如何适应学生的个别化特征与需要，使管理工作与教育教学工作更具有针对性是每位教师需要认真切入的课题。

在班级管理中，只有触摸到不同类型学生的不同学习行为表观特征及心理诱因与心理内核，才能捕捉学生的个别差异的真正实质，也才能制定行之有效的教学策略与措施，使教师的教学行为有效化，使学生的学习行为有效化。

3. 学生心理健康教育档案在学科教学中的应用

在常规教学工作中，如果能科学合理地运用学生心理健康教育档案，全面把握学生的个别化特征，就能客观、科学地分析学生的个别化需要，为制定出具有针对性和客观、科学的教学策略，提高教学质量和效率提供必不可少的有用信息。

五、学生心理健康教育档案的管理

必须加强学生心理健康教育档案管理，才能使其更好地发挥作用。在学生心理健康教育档案管理的过程中，我们必须注意以下几点。

（1）应建立学校心理健康教育室，专门负责心理健康教育档案的建立、使用和管理工作。

（2）应建立和健全学生心理健康教育档案的管理制度，明确心理健康教育工作者的职责。心理健康教育工作者不能将学生的心理健康教育档案随意外借。

（3）应建立学生心理健康教育档案计算机管理系统，提高心理健康教育档案的现代化管理水平。

使用计算机来处理心理健康教育档案材料，建立学生心理健康教育档案管理系统，实现心理健康教育档案管理的信息化，不仅可以提高工作效率，而且能够保证资料管理和分析的规范与准确，减少失误与差错，还可以从多种角度迅速得到相关资料，为心理健康教育工作提供有价值的信息。

参考文献

[1] 周吉 . 对高职心理健康课程体验式教学的新思考 [J]. 新课程研究，2019（11）：14-15.

[2] 周吉 . 高职院校心理健康课程教学现状分析 [J]. 新课程研究（中旬刊），2018（12）：32-33.

[3] 周吉 . 高职心理健康教育"课程思政"教学探索 [J]. 烟台职业学院学报，2021，16（4）：61-63+68.

[4] 周吉 . 某理工类高职新生心理健康状况调查研究 [J]. 卫生职业教育，2019，37（3）：116-117.

[5] 付国秋 .PBL 教学法介评 [J]. 现代交际，2019（21）：220+219.

[6] 付国秋 . 焦点解决模式中的哲学思想探赜 [J]. 成才之路，2020（21）：34-35.

[7] 俞国良 . 大学生心理健康 [M]. 北京：北京师范大学出版社，2018.

[8] 李国毅 . 大学生心理健康教育 [M]. 北京：国家行政学院出版社，2019.

[9] 孙霞，郝明亮，寇延 . 大学生心理健康教育（师范版）[M]. 大连：中国海洋大学出版社，2019.

[10] 胡盛华，杨铖 . 现代大学生心理健康教程 [M]. 长春：吉林大学出版社，2014.

[11] 李梅，黄丽 . 大学生心理健康十二讲 [M]. 北京：北京师范大学出版社，2012.

[12] 邓志军 . 大学生心理健康教育 [M]. 北京：北京理工大学出版社，2010.

[13] 黄希庭 . 大学生心理健康教育 [M]. 上海：华东师范大学出版社，2004

[14] 叶星，毛淑芳 . 大学生心理健康指导 [M]. 北京：高等教育出版社，2017.

[15] 陈娟，龚燕 . 大学生心理健康：体验与训练 [M]. 重庆：重庆大学出版社，2017.

[16] 瞿珍 . 大学生心理健康 [M]. 上海：华东理工大学出版社，2018.

[17] 马斯洛 . 马斯洛人本哲学 [M]. 成明，译 . 北京：九州出版社，2003.

[18] 阳志平 . 积极心理学团体活动课操作指南 [M]. 北京：机械工业出版社，2009.

[19] 冉龙彪 . 大学生心理健康 [M]. 北京：人民出版社，2019.

[20] 肖红 . 高职大学生求职择业的心理困扰及其调适 [J]. 高教高职研究 .2007（11）：176-177.

[21] 马晓慧，岑瑞庆，余媚.大学生网恋的心理成因及干预措施[J].校园心理,2011(6)：414-415.

[22] 尹怀玉.马斯洛需要层次理论对大学生心理健康工作的启示[J].知识经济,2013（9）：164.

[23] 卓然.大学生职业生涯规划中的心理问题及对策分析[J].职业技术教育.2016(29)：69-72.

[24] 陈京明.当代成人大学生自我实现路径探析[J].中国成人教育,2016（14）：24-26.

[25] 李明.当代大学生自我意识发展的特点及其调控[J].牡丹江教育学院学报,2015（11）：68-69.

[26] 胡凯.大学生网络心理健康的标准[J].思想政治教育研究,2012（3）：133-135.

[27] 唐嵩潇.谈抑郁症的心理干预方法[J].吉林化工学院学报,2017（12）：75-77.

[28] 吴玉伟.大学生健全人格的标准探索[J].社会心理科学,2012（6）：9-12.

[29] 姚振.新时期大学生心理健康标准整合的探索性研究[J].高教学刊,2017（5）：176-177.

[30] 文娟.高校大学生心理健康现状及对策研究[J].智库时代,2020（5）：114-115.

[31] 何安明，惠秋平.大学生手机依赖与生活满意度的交叉滞后分析[J].中国临床心理学杂志,2019（6）：1260-1263.

[32] 魏杰.新时期大学生心理健康标准整合的探索性研究——以江苏省为例[D].南京：南京大学,2013.

[33] 王飞飞.大学生情绪管理能力与心理健康的关系研究[D].重庆：西南大学,2006.

[34] 王玉娇.农村初中生人际关系对心理健康影响的实证研究——以华西中学为例[D].银川：宁夏大学,2014.

[35] 祖静，封孟君，郝爽，等.手机依赖大学生抑制控制特点及与渴求感的关系[J].中国学校卫生,2020（2）：247-249.